近代早期英国的
服饰与社会变迁

Dress and Social Changes
in Early Modern England

谭赛花◎著

本书获湖南师范大学博士出版基金资助

本书获湖南省第十六届优秀社会科学学术著作出版资助立项

本书获教育部人文社会科学研究青年基金项目资助（11YJC770054）

湖南人民出版社

图书在版编目（CIP）数据

近代早期英国的服饰与社会变迁 / 谭赛花著.—长沙：湖南人民出版社，2014.8（2025.4重印）

ISBN 978-7-5561-0428-4

Ⅰ.①近… Ⅱ.①谭… Ⅲ.①服饰－关系－社会变迁－研究－英国－近代 Ⅳ.①D756.1 ②TS941.745.61

中国版本图书馆CIP数据核字（2014）第202209号

近代早期英国的服饰与社会变迁

著　　者	谭赛花
责任编辑	龙仕林　黎红霞　蒋玉婷
编辑部电话	0731-82683394　82683361
装帧设计	舒琳媛

出版发行　湖南人民出版社［http://www.hnppp.com］
地　　址　长沙市营盘东路3号
邮　　编　410005

印　　刷　永清县晔盛亚胶印有限公司
版　　次　2014年8月第1版
　　　　　2025年4月第4次印刷
开　　本　890×1240　1/32
印　　张　6.25
字　　数　180千字
书　　号　ISBN 978-7-5561-0428-4
定　　价　28.00元

营销电话：0731-82683348　　（如发现印装质量问题请与出版社调换）

序
preface

由于欧洲率先走向现代社会，因此欧洲经济社会史是世界史研究领域一个长盛不衰的话题，吸引着史学界持续的兴趣。20世纪七八十年代，我国的研究者大多在理论分析和思考上下功夫，擅长建立宏大叙事框架，力图从宏观上把握欧洲崛起的历程，总结其规律，探索其原因，揭示其从传统农业社会向近代工业社会转型所带来的启示，并将之与中国和东方相比较。1990年代以来，这一研究工作逐渐走向细化、纵深化，中观、微观的专题探索越来越多，特别是近年来新生代博士和青年才俊不断推出专精的研究成果，使得我国的欧洲经济社会史研究领域充满了活力和生机。谭赛花博士所著《近代早期英国的服饰与社会变迁》，即是这个学术园地有代表性的成果。

服饰变化看起来属于社会生活史，但这部著作所要论述的远不只此。从服饰变化来探讨社会变迁，进而深化对近代化先行国——英国的崛起的认识，是这部著作的主旨所在。这样一个视角是颇有意义的。我们知道，人类来到这个世界，最基本的生活需求就是穿衣吃饭，解决温与饱的问题。其次，在起码的"保暖"需求之上，穿衣还有个美化的功能，由此"衣服"便上升到了"服装"、"服饰"层级；这一美化功能越到现代社会越加凸显。当人类出现社会差别、贫富差别时，富人、社会等级高的人往往着更好的服饰来显摆和炫耀自己，来显示自己与穷人、与低等级的人的区别，于是社会便有了"以衣帽取人"的陋习，服饰也变成了社会地位的一种标识。当社会不断进步、总体生活水平有所提高、底层民众力图穿得好一点的时候，上层显贵又会制订规则，打压下层要求，固化等级制度，这样势必又引起社会矛盾和冲突。服装式样和服饰形态，还是一种文化符号，一种文化表达，一种个性张扬。因此，服饰的变化既是经济发展和社会进步的体现，更反映着人类社会的地位差异、族群差异、文化差异、观念差异，等等。总之，服饰背后所隐藏的社会内容极其丰富，怎么探索都不过分。

我想，作者正是基于这样一种认识去研究服饰问题的。在作者看来，首先应弄清楚近代早期英国人的着装究竟发生了怎样的变化，同时要理清这一时期英国社会的政治、经济、等级结构、思想观念等所发生的变化，而论述重点则是将两者联系起来，研究服饰如何受社会变迁的影响而发生变化，反过来，服饰变化又对社会变迁产生了怎样的影响。循着这一思路，著作先后论述了近代早期英国服饰的变化，服饰与英国社会政治变革、社会经济发展、社会等级结构变化、社会思想观念转变的关系等问题，逐步展开，层层深入，建立了一个完整的关于服饰与近代早期英国社会变迁的论述框架。作者在总结和借鉴国外学者研究成果的基础上，提出了许多颇有深度的独立见解，虽然这一探讨还是初步的，但已对这一问题呈现了相当全面而准确的基本认识。

据悉，著作中的相关内容已经作为学术论文，先期发表在《世界历史》《历史教学》等重要刊物上，可见作者的研究成果已为史学界所关注。现在著作又获得湖南省优秀社科著作出版资助，更是可喜可贺。有这样一个良好的起点，相信作者会在这一研究领域继续扩展、深化，做出更大的学术贡献。

是为序。

刘景华

2014年7月于天津阳光寓所

目 录

contents

图表说明
caption

引　言

第一节　国内外研究概况

早在 20 世纪初，就有服饰史家依据墓碑和肖像画上的服饰，描述英国历代贵族阶层服饰款式的变化。[1] 当然，他们只是将服饰分门别类地进行描述，偶尔谈及一些有关服饰的奇闻轶事，并没有将它放入历史大背景中。

1966 年，一些在博物馆和高校从事服饰保藏和设计的学者，组成"英国服饰协会"。他们不但研究近代英国服饰款式的变化，还关注服饰的剪裁、制作与收藏。[2] 同时，英国许多老牌大学的经济史家开始关注服饰。他们重点研究服饰的生产、制作技术的革新以及服饰的贸易等，尤其是近代英国服饰在欧洲和海外市场的贸易情况成为研究的焦点。[3] 传统服饰史家反对经济史家

---

[1]　Dion Clayton Calthrop. *English Costume,* London: A. & C. Black, 1907. George Clinch, *English Costume: from prehistoric times to the end of the eighteenth century.* London: Methuen, 1910. （http://www.archive.org.）

[2]　Narah Waugh. *The cut of men's clothes, 1600—1900.* New York: Theatre Arts Books, 1964; Narah Waugh & Margaret Woodward. *The cut of women's clothes, 1600-1930.* London: Faber, 1968.

[3]　N. B. Harte, K. G. Ponting, (ed.). *Textile history and economic history: essays in honour of Miss Julia de Lacy Mann.* Manchester: Manchester University Press, 1973.

脱离服饰实物而空谈服饰的生产、技术和贸易等，而经济史家们认为，以往的服饰史家只是一些醉心于服饰的女孩承担的一项业余工作，算不上真正意义的服饰史。他们分别在 1967 年和 1968 年创办了年刊《服饰》（Costume）和《纺织史》（Textile History），作为论战的阵地。

到 80 年代，论战双方意识到自身的片面性，逐渐走向融合。1982 年《纺织史》副标题改为"一本研究纺织品和服饰的历史与保存的期刊"，表明研究服饰的经济史家拓宽了其研究领域。同时，"英国服饰协会"的成员也逐渐意识到，仅仅研究服饰实物的设计、收藏、保存是远远不够的，也发出了一些要求改变的声音。1986 年，简·托泽（Jane Tozer）呼吁协会成员运用更宽广的、更思辨的方法来诠释历史上的服饰。"我们应该设法将服饰与它的历史的、艺术的、社会的和经济的背景联系起来考虑，因为经济和社会背景、审美和文化背景对人们的消费行为产生巨大的影响。"[1]

进入 20 世纪 90 年代，许多新研究方法被引入服饰史研究领域。在众多新方法中，经济社会史、社会文化史、文学艺术史的研究方法取得的成果最为显著。贝弗利·莱麦尔（Beverly Lemire）从服饰的二手贸易着手进行的一系列研究，成为服饰史研究由单纯的经济史范畴向经济社会史范畴跨越的标志。她在对英国近代早期服饰贸易的研究中，发现新服饰尚无法满足人们的需要，二手服饰贸易相当普遍，而二手市场上的一部分服饰是偷窃而来。[2] 在如何满足人们对服饰日益增长的需要这一问题上，莱麦尔在《最

---

[1]　J. Tozer. *Cunnington's interpretation of dress*. Costume, vol.20(1986), p.16.

[2]　Beverly Lemire. *Consumerism in preindustrial and early industrial England: the trade in secondhand clothes*. The Journal of British Studies. vol.27 (1988), pp.1-24; Beverly Lemire. *The theft of clothes and popular consumerism in early modern England*. Journal of Social History. vol.24 (1990), pp.255-271.

受欢迎的服饰——1660—1800 年英国的棉布贸易和消费者》一书中，通过解读当时报纸上的广告、各种商业记录和法庭记录，发现随着工业革命的开展，市场上棉布供应不断增多，到 18 世纪末英国的普通人也穿上了质地柔软的棉布衣服。[1]

1997 年，莱麦尔在《服饰、文化和商业——1660—1800 年英国的服饰贸易》一书中，着重研究服饰的生产和交换反映的经济和社会变迁。"军队、海外贸易公司和殖民探险带来了服装市场的繁荣，而妇女密集型的劳动大大增加了服饰的产量，使时尚漂亮的服饰不再是奢侈品。"[2] 该书的最大亮点在于对普通民众交换和消费服饰的关注，尤其是仆人在二手服饰贸易中角色的变化。与 16、17 世纪不同，在 18 世纪的二手服饰市场中很少见到仆人制服。她认为主要原因是随着个人主义的兴起，仆人的自我意识逐渐加强，他们不再愿意接受主人恩赐的体现其附属地位的衣物。总之，"政府的立法者、街角的小商贩、犹太籍商人、制作服饰的妇女都在这一最基础的工业中发挥着重大作用。这一时期服饰的生产和消费方式，都可以作为工业革命的前奏来重新加以界定。"[3]

结合社会人类学、符号学和社会学的研究方法，社会文化史家着力于探讨服饰、行为、形象在体现和形成特定社会文化中的作用。据传统服饰史家研究，近代英国的男装和女装有着很大的区别，服饰是体现人们性别的重要标志。但是一部分社会文化史家在研究近代早期人们的着装时发现，服饰并不一定能体现性别差异。尤其在戏剧繁荣的 16 世纪，普遍的装扮异性现象，形成了

[1]　Beverly Lemire. *Fashion's favourite: the cotton trade and the consumer in Britain, 1660–1800.* Oxford: Oxford University Press,1991.

[2]　Beverly Lemire. *Dress, culture and commerce: The English clothing trade before the factory, 1660–1800.* London: Macmillan, 1997. p.2.

[3]　Lemire. *Dress, culture and commerce.* p.8.

特殊的文化氛围。

1988年，吉恩·霍华德（Jean Howard）的一篇论文，引起了人们对"英国文艺复兴时期究竟有多少人打扮成异性"这一问题的讨论。在文中，她对两个场景中的装扮异性现象进行了比较，即剧院舞台上的男扮女装与伦敦街头的女扮男装。自古以来，女扮男装都被认为是一种女性掩盖固有的脆弱性、保护自身的有效方式，例如避免受到性侵犯、被逼婚、保持贞洁等。但是霍华德的研究显示，近代早期恰好相反，女扮男装大多数是一些品性不端的女子为了勾引男子的一种常见策略。这种对社会道德的挑战使当时的统治者相当恐慌，装扮异性的女子一旦被诉诸法庭，得到的惩罚是相当严重的。[1] 相反，男扮女装得到了当时社会的普遍认可。按照基督教的观念，女人是不完整的男人，男人模仿女人的着装是一种倒退，只会使自己行动不便。因此男扮女装顶多只能算是一种恶作剧，或者是一种可以原谅的愚蠢行为，不值得诉诸法庭，更不值得惩罚。

对于近代早期英国统治者宽容男扮女装的做法，劳拉·莱文（Levine Laura）探讨了它给当时社会带来的严重影响。在其著作《男扮女装——1579—1642年的反戏剧性和柔弱化》中，她认为戏剧舞台上的男扮女装使得整个舞台充满阴柔之气，男演员也因此变得缺乏男子气概，生理机制不健全。她甚至得出结论，近代早期英国的文化是一种被阉割过的、千疮百孔的、无男子气概的文化。[2] 戴维·克雷西（David Cressy）撰文对装扮异性现

[1] Jean Howard. *Cross-dressing, the theatre and gender struggle in early modern England.* Shakespeare Quarterly , vol.39 (1988), pp.423-424.

[2] Levine Laura. *Men in women's clothing: anti-theatricality and effeminization, 1579– 1642.* Cambridge: Cambridge University Press, 1994.

象作了进一步的研究，并提出了不同的看法。他认为这一现象并没有使近代早期英国社会充满色情而带来颠覆性的影响。因为宗教法庭的审判记录和伦敦舞台上的喜剧表演说明，当时社会的性别系统并没有陷入危机。[1]

艾琳·里贝罗（Aileen Ribeiro）是利用文艺作品研究服饰的杰出代表，写成了一系列专著。1995年，里贝罗在《服饰的艺术——1750—1820英国和法国的服饰》一书中，运用肖像和历史画、雕刻、讽刺画和流行服饰图案，考察1750—1820年间英法两国服饰的变化，反映了两国的社会、政治和文化的差异。[2]2000年，《服饰画廊》一书中对伦敦的国立肖像画廊中100幅肖像画中人物的着装进行分析，人物跨越近5个世纪，其中包括许多贵族。随着时代的变迁，服饰在体现人的身份和个性中作用的变化，即从之前的体现财富和权威逐渐转变为体现独特的个性。[3]

由于遗存下来的18世纪之前服饰实物相对较少，研究近代早期的服饰更多的是要依赖于文学和艺术作品。2005年，里贝罗的《服饰与虚构——斯图亚特时期艺术与文学作品中的服饰》一书，将17世纪的英国服饰分为五个阶段依次进行研究，考察人们的政治和宗教观念如何通过服饰传达出来。[4]詹姆士一世统治时期，人们的着装与伊丽莎白一世时期并无明显差别，只是服饰被赋予一种新的功能，即"一种戏剧性的外交策略"，穿上某一国

---

[1] David Cressy. *Gender trouble and cross-dressing in early modern England. The Journal of British Studies,* vol.35 (1996), pp.438-465.

[2] Aileen Ribeiro. T*he art of dress: fashion in England and France 1750-1820.* New Haven and London: Yale University, 1996.

[3] Aileen Ribeiro. *The gallery of fashion.* Princeton: Princeton University Press, 2000.

[4] Aileen Ribeiro. *Fashion and fiction: dress in art and literature in Stuart England.* New Haven : Yale University Press, 2005.

的服饰表明愿意与该国建立友好与联盟关系。[1] 查理一世时期的服饰风格较前朝有了很大的变化，质地不再那么坚硬，款式也没有那么夸张，里贝罗认为这是"一种逃避现实的方式"，三四十年代社会各方面暗藏的危机使当时人们更加怀念崇尚简单的黄金时代。[2] 内战时期遗存下来的肖像画很少，里贝罗利用这一时期的道德训诫来解读服饰。这些道德训诫主要来自清教辩论家、安立甘宗神父和讽刺诗文作者。清教徒大力倡导内敛的服饰，使王室的着装不再是人们刻意模仿的对象，大部分伦敦居民的着装也渐渐变得简单实用。[3] 复辟时期王室的着装重新成为时尚的焦点，如同衬裙的宽大半截裤、高跟鞋和无处不在的假发使贵族男子的着装趋向女性化。许多喜剧中经常有两类着装迥异的男子，"着装简单的悠闲男子"和"被时髦服饰缠绕的花花公子"。[4] "光荣革命"之后，各个政治派别之间的斗争吸引了更多人的眼球，王室的服饰向相对简单的样式转变。与王室服饰相对黯淡截然不同的是，普通民众掀起了一股新的时尚潮流。印度的棉布和国内生产的价格较为低廉的丝织品走入千家万户，活跃的二手市场使服饰不再是奢侈品。[5]

借助文艺作品研究近代早期英国服饰的另一位佼佼者是苏珊·文森特（Susan Vincent），在她的《装扮精英——近代早期英国的服饰》一书中，借鉴肖像画、历史画、雕刻、讽刺画和流行服饰图案等，探讨服饰在近代早期英国贵族生活中的重要性，包括伴其生老病死、塑造自我优越感以及借助服饰巩固统治等。

[1] Ribeiro. *Fashion and fiction*. p.27.

[2] Ribeiro. *Fashion and fiction*. p.142.

[3] Ribeiro. *Fashion and fiction*. p.183.

[4] Ribeiro. *Fashion and fiction*. p.260.

[5] Ribeiro. *Fashion and fiction*. p.323.

文森特在书中坦言，并非普通民众的着装无研究的必要，而是因为普通民众留下的历史记录太少，很难还原其真实面貌。[1]

在国内学术界，对西方服饰的研究还处在起步阶段，目前有一些供高校服装专业使用的西方服饰通史教材，如孙世圃的《西洋服饰史教程》[2]、华梅的《西方服装史》[3]和李当岐的《西洋服饰史》[4]。此外，还有天津师范大学华梅主持的国家级精品课程《中西服装史》中，也介绍了西方服饰的发展演变，并配有大量珍贵图片。

关于英国服饰的专门研究，最早要数蒋熙的论文《伊丽莎白时期的英国服饰》[5]。文中介绍了伊丽莎白一世时期的社会结构、服饰的制作方法和穿着习惯，认为这一时期的服饰在技术和造价上都有大的进步，构成服饰的元素也更为复杂。同时，英国的服装业发展了长线贸易，产生了自己的行会，并促使英国与西班牙争夺海外殖民地。2008 年，兰州大学车佩华的硕士学位论文《18—19 世纪英国贵族服饰的符号学分析》是国内学界对英国服饰史进行跨学科研究的一个大胆尝试。[6] 该文引用符号学的原理，对贵族服饰进行符号学构建。通过分析 18、19 世纪贵族服饰样式的变化，作者认为贵族服饰具有交流、价值实现、印象操作和规范等社会功能。因此，18、19 世纪的英国贵族不但没有没落，反而利用服饰加强与其他阶层的交流互动，影响他们的生活方式、价值

[1] Susan Vincent. *Dressing the Elite: Clothes in Early Modern England*. New York: Berg, 2003.
[2] 孙世圃 . 西洋服饰史教程 . 北京：中国纺织出版社，2000.
[3] 华梅 . 西方服装史 . 北京：中国纺织出版社，2003.
[4] 李当岐 . 西洋服饰史 . 北京：高等教育出版社，2005.
[5] 蒋熙 . 伊丽莎白时期的英国服饰 . 载：国外丝绸 . 2003 年第 4 期 .
[6] 车佩华 . 18—19 世纪英国贵族服饰的符号学分析 . 兰州大学出版社，2008.

取向和思想观念，进而主导整个英国社会。

近年来，国内学界对英国社会精英阶层的服饰持续关注并不断更新。2009 年，徐华娟在《社会转型时期英国富裕农民消费水准探析》一文中，聚焦乡村社会的精英群体即富农阶层的生活与消费状况，其中包括饮食、服装、住房等方面的具体情况。[1] 她指出中世纪晚期到近代早期的英国富裕农民的服饰消费存在普遍的"僭越"现象。当然，这种"僭越"不只是发生在富裕农民身上。笔者曾就都铎时期社会中下层民众跨越等级界限着装的现象进行分析，指出这严重破坏了身份等级秩序，引起统治者的恐慌而颁布了一系列限制人们着装的法令和文告。在论文《16 世纪英国抑奢法对服饰的管制》中，笔者探讨了抑奢法屡次颁行却收效甚微的原因，但抑奢法的失败使都铎政府的重商主义政策发生了重大变化，有利于本土毛纺织业的发展。[2]

社会中下层民众着装上的"僭越"对等级秩序造成了很大冲击，迫使统治阶层竭力利用奢华服饰加强权威。张殿清在论文《英国都铎宫廷炫耀式消费的政治意蕴》中，提到都铎宫廷的炫耀式服饰消费是彰显国王权威的一种手段，为此国王倾尽财力穿戴奢华服饰。不过，国王只能依靠其可支配性的收入，不能征税筹集服饰消费资金，这又体现了都铎王权的有限性。[3] 此外，王华胜对英国法官服饰的演变作了饶有趣味的探讨。在其论文《英国法官服饰的形成与改革》中，他认为法袍的形成与样式与中世纪基

[1] 徐华娟. 社会转型时期英国富裕农民消费水准探析. 载：史学理论研究. 2009 年第 1 期.

[2] 谭赛花. 16 世纪英国抑奢法对服饰的管制. 载：世界历史. 2009 年第 2 期.

[3] 张殿清. 英国都铎宫廷炫耀式消费的政治意蕴. 载：史学集刊. 2010 年第 5 期。

督教会有密切联系，而世俗法官的法袍体现了加强王权的要求。[1]
英国法官戴假发的传统始于 17 世纪 60 年代，后来假发成为普通
法系法官的独特标志。近年来英国的法袍逐渐简单化，假发也被
限制在刑事诉讼领域。

　　综观国内外学者的已有成果，近代英国的服饰史研究在不断
走向成熟。当然，它还有着广阔的学术探讨空间。首先，从研究
时段来看，大部分研究近代英国服饰者将时段限定在 17、18 世纪。
因为这是英国工业革命的准备和兴起阶段，随着市场的扩大和生
产方式的增多，服饰的交换和消费更加频繁。当然，也因为博物
馆中现存一些 18 世纪的服饰实物，又有学者整理了 17 世纪的一
些遗嘱清单、账单等，为 17、18 世纪的服饰史研究提供了较充分
的资料。事实上，16 世纪新君主制的建立、宗教改革的发生，使
着装成为政治、宗教和道德领域竞相争论的一个问题。因此，很
有必要将研究时段上溯到 16 世纪初期。借助绘画和文学作品，里
贝罗让我们了解到斯图亚特时期人们的着装及由此表现的政治宗
教观念。同样，研究都铎时期的服饰，可以利用更多新资料，如
法令文告、行为准则、道德训诫、游记、私人日记、传记等。

　　其次，从研究对象来讲，大部分学者集中研究精英阶层的服饰。
不可否认的是，这是一个贵族引领时尚潮流的时代。然而，普通
民众的服饰并非对贵族的简单模仿，而是经历了一个不同于贵族
服饰的独特变化过程。几家几户平民对价廉物美服饰的需求，对
生产的影响也许不值一提。但是千百万户平民的需求，对生产的
扩大，经营组织的改变，以及由此引发的其他变化，所能发生的
影响和作用，就远非等闲。因此，若要更好地把握服饰与英国社

---

[1]　王华胜．英国法官服饰的形成与改革．载：环球法律评论．2010 年第 5 期．

会变迁之间的关系，深入研究英国普通民众的服饰是很有必要的。

最后，就方法论而言，无论是经济社会史家，还是社会文化史家、文学艺术史家，都试图打破传统服饰史家和经济史家的研究路径。他们将服饰与社会背景结合起来研究，对服饰史研究是一个很大的突破。只是他们选取的角度各不相同，依托的研究资料也有很大的差异。毕竟社会变迁有着丰富的内涵，既包括经济、政治、社会结构的变迁，也包括价值观念、生活方式和文化的变迁。作为后学者，要将服饰史与社会史结合得更加紧密，必须根据问题和材料灵活运用这些新方法，而不应该盲从某一种研究方法。

基于此，笔者选取近代早期作为研究时段，即 16 到 18 世纪之间。在这一时期，英国贵族和平民的服饰都发生了巨大的变化。都铎时期贵族阶层的服饰极度奢华，到"光荣革命"后，贵族男子却穿上了简约大方的服饰。16、17 世纪的普通民众除了穿自给自足的粗糙毛纺织品外，只能穿戴社会上层淘汰的二手服饰。到 18 世纪，随着英格兰本土棉纺织业和手工工场成衣制造业的发展，普通民众也穿上质地柔软、颜色鲜亮的棉布新装。

在研究对象的选择上，笔者更关注普通大众的服饰如何受社会变迁的影响，并考察他们不断增长的消费需求，在社会的变迁中发挥了怎样的作用。普通大众的服饰本来就以简单实用为主，其变化主要表现为款式、质地、颜色和价格的变化。而这些变化的发生，主要依赖于社会经济的发展。经济的发展为普通大众提供更多就业机会以增加收入。纺织业和成衣业的发展，使服饰的质地变得柔软舒适、色彩随之丰富且价格有所降低。普通大众着装的变化，必然对社会等级秩序造成冲击，也会对当时社会的思想观念产生影响。

在方法论上，笔者既借鉴传统服饰史家的方法，依据肖像画、历史画和讽刺画，以形象地感知过去的服饰实物，又吸收多种新方法的长处，将服饰的变化与社会背景联系起来。因此，本研究以考察近代早期英国服饰发生的变化为基础，着重探讨服饰的变化与当时社会经济的发展、政治的变革、等级结构和思想观念的变化之间的关系。总之，服饰既是最基本的物质资料之一，又是透视人们精神风貌的窗口。它的变化不但生动地反映了社会的变迁，而且对社会的变迁产生深远的影响。研究近代早期英国的服饰，可以为我们深入了解转型时期的英国社会提供一个独特的视角。

第二节　基本思路

笔者旨在探讨近代早期英国服饰的变化与当时社会变迁之间的关系。首先必须弄清楚人们的着装究竟发生了怎样的变化，然后需要理清这一时期英国社会的政治、经济、等级结构、思想观念等方面发生了哪些变化。而重点是论述服饰如何受社会变迁的影响而发生变化，或者服饰的变化如何体现社会的变迁。反过来，服饰的变化对社会多方面的变迁究竟产生了怎样的影响。

要论述服饰与社会两者的变化及其相互关系，存在着不少困难。首先，通过肖像画大致可以看出贵族着装的变化趋势，但是社会中下层人们并没有留下多少画像，需要从当时的讽刺小说、小册子、日记、传记等材料中，获得他们着装的信息。而这些材料往往是零散的，很少专门论及服饰。其次，由于受服饰变化规律的限制，本研究跨越的时间段长达三个世纪。要准确把握这一时期英国社会的特点以及政治、经济、等级结构和思想观念的变化，难度很大。最后，如何将服饰的变化与社会的变迁自然地联系起来，让人觉得两者之间的确有着密切的联系，也需要下一番功夫。

为此，第一章考察人们的着装在近代早期发生的变化。首先根据肖像画中贵族着装的不同风格，将贵族服饰的变化分成四个发展阶段，即 16 世纪夸耀式的奢华，1603—1660 年低调的华丽；复辟时期奢华与简约风格相互冲突，18 世纪男装的简约与女装再度奢华。然后依据当时人的自传、小册子等，强调社会中下层人们的着装经历了一个不同于贵族服饰的变化过程。他们不仅有日常劳作时的简单实用服饰，而且总有一两件时尚漂亮的服饰以备节假日穿戴。普通大众竭力摆脱政府的种种限制和禁令，到 18 世纪下半叶，其服饰的质地变得柔软舒适，颜色也随之丰富起来。

笔者将贵族服饰的变化分成四个阶段，是依据贵族阶层留下的肖像画而得出的直观印象。显然，英国内战、查理二世复辟和"光荣革命"，这几个近代英国政治变革的转折点，也是贵族服饰变化的分水岭。那么，这仅仅是一种巧合吗？故第二章探究贵族服饰的变化与政治变革之间，是否存在着必然的联系。

第二章从研究亨利八世和伊丽莎白一世的宫廷服饰入手，认为奢华的服饰是都铎君主塑造强大王权、巩固新君主制的有力工具。到内战前夕，清教徒激烈批判宫廷服饰，为反王权制造社会舆论。内战期间，"新模范军"的实用军服，使战争双方着装差异明显，加速了战争的胜利。至此，可以肯定服饰的变化，在特定情况下，是议会向王权斗争的有力武器。查理二世复辟后，试图通过服饰重新塑造强大王权，但无济于事。"光荣革命"后，宫廷服饰更是变得黯淡无光。与此同时，议会成员在对宫廷服饰的批判中，逐渐穿上简约大方的服装，树立起新的权威和道德形象。因此，服饰的变化与政治变革之间存在着必然的联系。贵族服饰的变化不但生动体现了王权兴衰和议会权力不断增长的过程，而且在这个过程中发挥着很大的影响力。

无论国王还是议会，都代表着贵族阶层的利益。贵族可以依据政治统治的需要，更换奢华或简约的服饰。而普通大众不具备贵族阶层那样的购买力，着装的变化主要依赖于社会经济的发展。故第三章着重探讨服饰的变化与社会经济发展的关系。

第三章选择三个与服饰密切相关的行业，即纺织业、成衣业和二手服饰贸易业，重点论述它们的发展与服饰的变化之间的相互关系。毛纺织业的发展不但大大改善了服饰的质地，而且使服饰的颜色变得丰富多彩。而手工工场的成衣制造业降低了新服饰的价格，二手服饰贸易的发展为人们提供了许多价廉物美的旧服饰。反过来，服饰作为一种基本物质资料，它的变化促进了英国经济的发展。17、18世纪之交，人们对印度棉布的狂热，刺激了英国本土棉纺织业的兴起。市场对廉价成衣的需求大增，使成衣匠行会逐渐衰落，推动了手工工场成衣制造业的发展。二手服饰作为新服饰的补充，也存在着广泛的市场需求，使英国的二手贸易市场空前繁荣。因此，近代早期社会经济的发展，大大改善了社会中下层人们的着装状况。

然而，社会中下层人们着装的改善，使服饰体现等级和身份的功能减弱，对社会等级秩序造成冲击。故第四章探讨服饰的变化与社会等级结构之间的关系。本章将社会等级结构分成三个层面，即社会地位差异、年龄差异和性别差异。而这几种差异主要体现为社会上层与中下层、主人与仆人、父母与子女以及男性与女性之间的权威与服从关系。因此，本章旨在论述服饰的变化如何体现权威与服从关系的变化，并对权威形成多大的挑战的问题。

第四章首先选取 16 世纪抑奢法，作为研究社会地位差别变化的典型材料，因为抑奢法依据社会地位和财富将人们分成不同的等级，并明确规定各等级人们的服饰的质地和颜色。而社会中下层人们跨越等级界限着装的现象随处可见，表明上层社会的权威早在 16 世纪就受到较大挑战。然后选取女仆、男仆和青少年着装的变化，作为体现社会年龄差别变化的主体。因为仆人在家庭中相当于孩子，而且在青少年中占很大比例。女仆可以自由购买新装，男仆出售象征依附地位的制服，体现了主人权威的弱化趋势。子女并非总是遵循父辈的着装习惯，说明父母与子女之间的权威与服从关系也有所松动。最后，一部分社会中下层妇女不顾忌教会的训诫和法庭的惩罚，依然穿上男装，反映了她们并不是随时随地都服从男性的权威。从近代早期人们服饰的变化看，社会上层、主人和父母的权威受到很大挑战，英国社会的地位差别和年龄差别变化较大。

当然，无论社会各等级人们的服饰如何变化，都受到当时社会思想观念的影响。大到社会的道德观念，小到个人的宗教信仰，都会影响人们的着装。故第五章探察的是服饰的变化与思想观念的变化之间的关系。近代早期是英国社会新旧观念激烈碰撞的时代，而关于服饰的种种争论，总是围绕着"奢与俭"展开。因为在工业革命之前，受生产能力限制，漂亮时尚的服饰数量有限，价格昂贵。在现代人看来是生活必需品的漂亮服饰，对近代早期社会中下层人们来说，却是奢侈品。

第五章在论述服饰的变化与思想观念的变化时，重点讨论当时流行的抑奢和崇奢两种观念。随着农业剩余产品的增多和商品经济的发展，16 世纪英国社会兴起奢侈之风，人人追求时尚漂亮的服饰。进口的奢侈服饰导致大量黄金外流，不利于国民财富的增长，重商主义者和清教徒为抑奢奔走呼号。清教的抑奢思想未能抑制人们对奢侈服饰的追求，甚至部分清教徒为提高社会地位，也穿戴奢侈服饰。不过，清教徒的抑奢观念，被18世纪下半叶的中间阶层援引，成为他们抨击贵族统治、要求参政的有力武器。在17、18世纪之交，英国本土出现大量仿制的奢侈服饰，急需开拓海内外市场，崇奢观念应运而生。崇奢观念大大鼓舞了社会中上层妇女和平民的消费热情。贵妇依然打扮得花枝招展，体现其丈夫或父亲的高贵身份和地位。在服饰价格普遍下降的情况下，平民家庭一旦收入有所增长，一般都会添置时尚漂亮的服饰，以赢得周围人更多的尊重。因此，抑奢与崇奢观影响着人们着装的变化，而服饰的变化直接导致抑奢和崇奢观的产生与冲突。

总之，近代早期人们着装的变化，是英国社会政治、经济、等级结构和思想观念的变迁综合作用的结果。其中，经济的发展对人们着装的变化起着决定性影响。服饰作为一种基本物质资料，或政治斗争的武器，或身份等级的象征，或思想观念的表达，它的变化又反作用于社会多方面的变迁。

第三节　研究资料

服饰贯穿于人们的日常生活，关于服饰的资料无处不在，但往往很烦琐、零碎。除了历史上遗存下来的服饰实物之外，它散见于各类记录中，而这些记录并不是专门谈论服饰。因此，服饰史的资料来源比较广泛，包括遗嘱（wills）、遗嘱清单（probate inventories）、遗嘱账单（probate accounts）、账簿、法令文告、政论文、行为准则、道德训诫、游记、私人日记、自传和肖像画等。

但是，博物馆中的服饰实物、遗嘱、遗嘱清单、遗嘱账单、账簿等珍贵资料，非英国本土的研究者很难获得。笔者征引借鉴的是后几种原始资料，主要来源于武汉大学图书馆 EEBO（早期英文图书在线）和 ECCO（十八世纪作品在线）两个数据库。

1. 王国法令与王家文告 [1]

早在 1337 年，英格兰议会就颁布了第一条管制人们着装的法令，随后在 1363、1463、1483 年分别通过了类似法令。面对中间阶层对贵族着装特权的冲击，都铎政府对服饰的管制达到了前所未有的高潮。不但英格兰议会先后通过了 5 条王国法令，而且枢密院发布了 12 条王家文告，以保障法令的实施。每条法令都包含许多涉及服饰的繁杂条款，但都具备一个共同特点，即依据财产的多少和职业的差别，列出不同的社会等级，并相应指出每个等级可以穿哪些质地和颜色的服饰，不能穿哪些质地和颜色的服饰。17、18 世纪期间，大批法国亚麻布和印度棉布服饰涌入英格兰。为保护英格兰的传统毛纺织业，枢密院和议会又颁布了一系列王家文告和王国法令，严禁商人进口亚麻布和棉布，并禁止人们穿进口服饰。虽然这些法令文告都没有达到预期的效果，但是它们的失败恰恰表明人们着装的变化是社会变迁的结果，是强制性的法令文告无法阻止的。

2. 政论性小册子

在英国内战前夕和"光荣革命"之后，关于服饰的政论性小册子数量较多。内战前夕，清教徒通过小册子，公开批评

---

[1] Great Britain. *The statutes of the realm*. vol.2-7, Buffalo, N.Y.:W.S. Hein, 1993; Paul Hughes, & James Larkin, (eds.). *Tudor Royal Proclamations*. Vol.1-3, New Haven: Yale University Press, 1969; Hughes, Paul & Larkin, James (eds.), *Stuart Royal Proclamations*, Vol.1-2, Oxford: Clarendon Press, 1973.

宫廷服饰的奢华，为反王权制造舆论。亨利·皮奇姆（Henry Peacham）、巴纳比·里奇（Barnaby Rich）和威廉·普林（William Prynne）是批判宫廷服饰的代表人物。[1]"光荣革命"后，议会中的贵族为树立新的道德典范形象，既激烈批评宫廷服饰，又将着装时髦的中间阶层贬为"暴发户"。纳撒尼尔·兰卡斯特（Nathaniel Lancaster）和詹姆斯·伯（James Burgh）是贵族寡头制的坚定维护者。[2]到18世纪下半叶，中间阶层渴望参与政治活动，指出贵族穿戴简约服饰是一种虚伪的节制，唯有中间阶层才是真正崇尚简约又能为共和国谋福利的阶层。理查德·普赖斯（Richard Price）、约瑟夫·托尔斯（Joseph Towers）、詹姆斯·麦金托什（James Mackintosh）、托马斯·莫蒂默（Thomas Mortimer）和约翰·卡特莱特（John Cartwright）都是代表中间阶层的政论家。[3]

这些小册子为了攻击政敌，难免有夸张诋毁之词，但是对了解当时人着装的观念，是很宝贵的材料。也有一些政论性小册子，是向国王建言献策。如1661年，约翰·伊夫林（John Evelyn）向查理二世递交小册子，请求国王改革英格兰人的服饰。即用英国

---

[1]　Henry Peacham. *The truth of our times*. London, 1638; Barnaby Rich. *Faultes faults, and nothing else but faultes*. London, 1606; William Prynne. *Histrio-Mastix*. London, 1633. (http://eebo.chadwyck.com）

[2]　Nathaniel Lancaster. *Public virtue or the love of our country*. London,1746; James Burgh. *Britain's Remembrancer*. London, 1746.（http://galenet.galegroup.com/servlet/ECCO）

[3]　Richard Price. *Observations on the importance of the American Revolution*. Philadelphia, 1785; Joseph Towers. *Observations on public liberty, patriotism, ministerial despotism, and national grievances*. London, 1769; James Mackintosh. *Vindiciae Gallicae: defence of the French Revolution and its English admires against the Right Hon*. Edmund Burke, Philadelphia, 1792; Thomas Mortimer. T*he National Debt No National Grievance, or the Real State of the Nation*. London, 1768; John Cartwright. *Take your choice!*. London,1776.（http://galenet.galegroup.com/servlet/ECCO）

毛呢制成简单实用的服饰，以减少人们对进口服饰的依赖。[1]

3. 行为准则和道德训诫

古代经典言论、圣经相关片段以及中世纪的王室礼节，等等，经过翻译、修改、抄写、模仿，逐渐发展成近代早期人们的行为准则。尤其是"绅士"的行为成为众多移居到城市、接受过教育的人之典范。在众多行为准则中，对服饰的要求总是占据重要地位，因为服饰是连接个人与社会的一种有效媒介，个人在社会中的地位很容易通过它凸显出来。16世纪英国著名的清教徒菲利普·斯塔布斯（Philip Stubbes），在他的著作《英国流弊之剖析》中，花了较大的篇幅批判当时人不规范的着装。[2] 在约翰·威廉（John William）、罗伯特·伯顿（Robert Burton）和爱德华·格里姆斯顿（Edward Grimston）等人的布道词和道德训诫中，也有许多对人们着装的忠告。[3] 这些行为准则和道德训诫都是针砭时弊，为我们了解当时人的实际着装状况提供了重要依据。

4. 外国游客的游记

欧洲大陆的游客习惯于比较英国人与本国居民的着装，从他们的游记中，可以了解到英国服饰的特点。18世纪早期，英国男士在日常生活中着装的简约，让法国游客塞萨尔·德·索叙尔（Cesar de Saussure）惊讶不已。"英国男士穿得相当简朴，他们几乎不在衣服上镶嵌黄金饰品。外套既不镶边，也不打褶……

---

[1]　Evelyn. *Tyrannus, or, The mode in a discourse of sumptuary lawes*. London, 1661. (http://eebo.chadwyck.com）

[2]　Philip Stubbes, Margaret Jane Kidnie, ed. The Anatomie of Abuses. Tempe: Arizona Center for Medieval and Renaissance Studies, 2002.

[3]　John William. *A sermon of apparell preached before the Kings Maiestie and the Prince his Highness at Theobalds. London ,1620*; Robert Burton. *The Anatomy of Melancholy*. London, 1621; Edward Grimston. *The honest man: or, The art to please in court*. London, 1632. (http://eebo.chadwyck.com）

富裕的商人和乡绅是这样穿的，有时甚至贵族也穿得这样简单大方。"[4]1730 年一位葡萄牙商人指出，英国男人普遍穿简单的呢绒和棉毛混纺织物，衣服上很少见昂贵的饰品，但女性竭尽所能地穿得精致而漂亮。[5]1748 年瑞典游客卡姆(Kalm)在游历英国时，发现一个农夫的妻子在星期天的穿戴，有别于她日常劳作时的着装，而与有身份的女士没有多大的区别。[6]正如德国游人莫里茨（ Moritz ）在 1782 年游览牛津郡时记载的那样，"妇女们不论高低贵贱，全都戴着帽子。她们在节日的盛装使我很难辨认，究竟谁是主人，谁是仆人。"[7]

5. 私人日记

私人日记主要是受过良好教育的社会中上层人士流传下来的，记录的多是自身购买和消费服饰的经历。虽然通过它们不能全面地看到当时人的着装状况，尤其是卑微阶层的情况很少有记录，但最重要的是，这类叙述可以避免我们带着现代人的偏见去看待当时的服饰，从而得出更加符合历史实际的结论。笔者主要引用的是 17 世纪著名作家约翰·伊夫林（ John Evelyn ）和海军大臣塞缪尔·佩皮斯（ Samuel Pepys ）的日记。[8]

---

[4]　Cesar de Saussure. *A foreign view of England in the reigns of George I and George II.* translated and edited by Madame Van Muyden, 1902, pp.112-113.（http://www.archive.org）

[5]　*The voyage of Don Manoel Gonzales.* in Awnsham Churchill, A collection of voyages and travels, London, 1745,vol.1,p.188.（http://galenet.galegroup.com/servlet/ECCO）

[6]　Pehr Kalm, Joseph Lucas, (ed.). *Kalm's Account of His Visit to England on His Way to America in 1748.* London: Macmillan, 1892.（http://www.archive.org）

[7]　C. P. Moritz. *Travels chiefly on foot, through several parts of England in 1782.* London, 1795, p.159. （http://galenet.galegroup.com/servlet/ECCO）

[8]　John Evelyn, William Bray(ed.). *The Diary of John Evelyn.* New York: M. W. Dunne, 1901（http://www.archive.org）; Samuel Pepys, Robert Latham (ed.). *The Diary of Samuel Pepys: a new and complete transcription.* Vol. 1-11, Berkeley, Calif.:University of California Press, 2000.

6. 自传

到 18 世纪，随着读写识字率的上升，开始有普通人写自传。如激进的工匠弗朗西斯•普莱斯（Francis Place）（1771—1854），在自传中回忆起青少年时代身边伙伴的服饰，以及父辈对他们着装的不以为然。[1] 同样出身工匠家庭的塞缪尔•班福德（Samuel Bamford）（1788—1872）在自传中，谈到干净的亚麻布和棉布服饰照亮了他节俭的母亲。[2]

7. 肖像画

一般说来，在肖像画中看到的人物着装都是真实的，因为画家的声誉很大程度上取决于他们是否能捕捉到被画者的服饰丰富的细节。笔者使用的肖像画主要来源于国内外学者的相关著作，也有少数是从原始文献中下载。

[1] Francis Place, Graham Wallas (ed.). *The life of Francis Place, 1771-1854.* London: E.G. Allen, 1918.（http://www.archive.org）

[2] Samuel Bamford. *Bamford's Passages in the Life of a Radical and Early Days.* vol.1, London: Unwin, 1905.（http://www.archive.org）

第 *1* 章
近代早期英国服饰的变化

在近代早期，英国贵族阶层引领着时尚的潮流。通过社会上层留下的肖像画，大致可以看出他们着装的变化趋势。贵族服饰分四个风格迥异的发展阶段：16世纪夸耀式的奢华，1603—1660年低调的华丽，复辟时期奢华与简约风格相互冲突，18世纪男装的简约与女装再度奢华。虽然社会中下层人们模仿贵族而着装，但是贵族服饰的有些款式并不适应他们的需要，也有些质地的服饰在他们的购买能力之外，有些颜色也是法令禁止穿着的。因此，社会中下层人们着装的变化既与贵族服饰的变化有关，又有着自身的特点。他们不仅有日常劳作时的简单实用服饰，而且总有一两件时尚漂亮的服饰以备节假日穿戴。普通大众竭力摆脱政府的种种限制和禁令，服饰的质地变得柔软舒适，颜色也随之变得五彩斑斓。

第一节　贵族着装风格的变化

一、16世纪夸耀式的奢华

在16世纪，人文主义思潮浸润着英格兰。人文主义者肯定人

图1　都铎时期贵族男子的典型装扮

图 片 来 源: Christopher Breward, The culture of fashion: a new history of fashionable dress, Manchester and New York: Manchester University Press, 1995, p. 43.

性和人的价值，鼓励享受现世的欢乐，追求人的个性解放。与人息息相关的服饰，受到空前的关注。人们摆脱了教会掩盖形体美的着装模式，充分展示人的自然美。然而，这种不受约束的着装方式，也容易走向另一个极端。服装款式屡屡更易，色彩、面料极度考究，纹饰图案和立体装饰极尽奢华。当奢华和时髦的趋势愈演愈烈，服饰反而又禁锢了身体。就像紧身上衣，原本是为了反对宗教的禁欲，强调人的形体美。殊不知过分强调形体美，以至于用人力去改变形体时，服饰再次束缚了人的身体。

都铎时期英格兰的服饰尚未形成自身特色，受欧洲大陆的宫廷服饰影响较深。男装的基本组成是三大件，即紧身上衣

（doublet）、裤袜（hose）和披风（cloack）（见图1）。紧身
上衣外表坚硬，内有柔软填充物。裤袜在
亨利八世时期分成两部分，即裤子（upper
hose）和袜子（nether hose）。裤子一般掩
盖腰际至大腿或膝盖的部位，而袜子遮盖的
是小腿部分。人们需要保暖的时候，会穿上
披风。

为了使服饰引人注目，都铎时期的男装
应用切口和填充等修饰方式。16世纪初，切
口式服饰相当流行。有的切口很长，使鲜艳
的内衣从切口处显露出来。有的切口很小，
但是密密麻麻地排列着，或斜排，或交错，
组成有规律的立体图案。贵族们可以在切口
的两端再镶缀上珠宝，更显奢华。一般说来，
在手套和鞋子上的切口都比较小，而帽子上
的切口倒可以很大，使帽子犹如怒放的花朵，
一瓣一瓣地绽开着（见图2）。

图2 都铎时期的切口式服饰

除切口外，填充也是都铎时期男装的一
种普遍修饰方式。从亨利八世的画像上看，
他穿的外套是膨胀起来的。双肩处饰有凸起
的布卷和衣翼，身材显得格外魁梧（见图3）。
为了保持外形不变，成衣匠必须往衣服里塞
大量填充物，如鬃毛或亚麻碎屑等。填充式
修饰不仅应用于上衣，而且被半截裤采用。
16世纪晚期，威尼斯式的裤子开始流行，吸
引了大批赶时髦的贵族青年。这种裤子相当

图3 亨利八世（1539年）

图2、图3来源：天
津师范大学《中西服
装史》精品课程网站
（http://59.67.71.237:
3080/cfh/course.html）

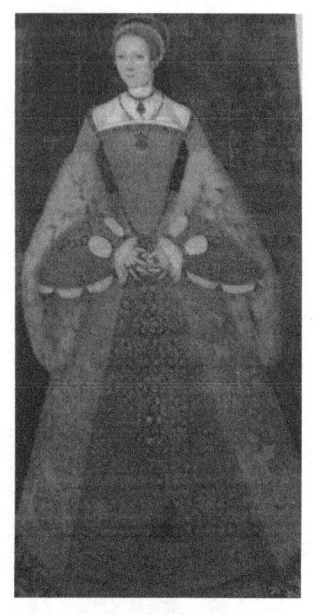

图 4　穿钟式裙的贵妇
图片来源: Breward, The
culture of fashion, pp.41.

图 5　伊丽莎白一世（1592 年）
图片来源: Breward, The culture
of fashion, pp.51.

饱满，但上下两端都比较细，形如南瓜，又称"南瓜裤"。南瓜裤的外表通常绣上直条花纹，备显玲珑与秀美（见图 1）。

当切口和填充式修饰还不能满足贵族们追求奢华的心理时，刺绣花边和金银花边被大量应用，五彩斑斓的花纹系带与精心绣制的切口网眼相得益彰。作为富有的标志，贵族们还会在衣服上镶缀各类晶莹珠宝，或装饰贵重的山猫皮、黑貂皮、水獭皮等。

16 世纪女装的基本组成也是三大件，即紧身衣（bodice）、裙子（kirtle）和长袍（gown）。紧身衣非常坚硬，被鲸须、木条、苇草甚至铁丝等固定成三角形。而长袍是套在紧身衣和裙子外面的衣服，有宽松和紧身的两种。前者一般是从肩膀直接垂至地上，而后者在腰际固定，且自腰际开始有倒"V"形开口，以显露出裙子的花纹（见图 4）。

都铎时期贵族女装最鲜明的特色是用鲸骨环将裙子撑大，呈钟形或鼓形，统称法勤盖尔裙（farthingale）。钟式裙最早源于西班牙，大约在 1470 年就开始流行（见图 4）。1545 年，

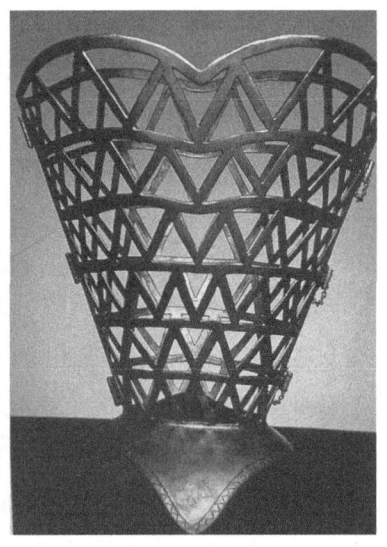

图 6　贵妇玛丽·康沃利斯（1580 年）
图片来源: Susan Vincent, Dressing the Elite: Clothes in Early Modern England, New York: Berg, 2003, p.24.

图 7　都铎时期的铁制内衣
图片来源: 瓦莱丽·斯蒂尔著，《内衣：一部文化史》，师英译，天津：百花文艺出版社，2004 年版，第 7 页。

英国王室引进第一条西班牙钟式裙。[1] 到伊丽莎白一世时期，由于女王的钟爱，迅速风靡宫廷。随着西班牙的衰落，其王室服饰的影响力也逐渐下降。1580 年前后，法国的鼓式裙进入英国宫廷，取代了钟式裙（见图 5）。无论钟式裙还是鼓式裙，都有一个共同的特点，即裙撑特别大。穿上之后，使整个人占据的空间大增。女王穿上法勤盖尔裙，与众朝臣保持着一定的距离，维护其神圣不可侵犯的形象。

　　布满褶皱的拉夫领(ruff)，是这一时期贵族女装的又一特色(见图 6)。拉夫领一般以白色或染成黄、绿、蓝等浅色的细亚麻布

[1]　Jane Ashelford. *The art of dress: clothes and society, 1500-1914.* London: National Trust, 1996, p.24.

裁制并上浆，干后用圆锥形熨斗烫整成形。拉夫领制作过程相当复杂，可能多达 600 个褶皱。贵族的拉夫领比较宽大，除上浆外，还必须用细钢丝支撑。[1] 最大的拉夫领甚至越过肩膀，犹如一个圆盘。吃饭时，贵族们不得不用特制的长勺子。其实穿上拉夫，脖子会感到非常不舒服。著名清教徒斯塔布斯认为拉夫使脖子相当不灵活，穿上它简直是在受罪。[2]

尽管法勒盖尔裙能突出细腰，贵妇们仍觉得腰肢没有纤细到令人满意的程度。16 世纪上半叶，贵妇们的布制紧身衣开始添加坚固耐用的鲸须、兽角和硬布等。到伊丽莎白一世时期，紧身衣成为一种最残酷的服装。当时有一位铁匠，打制了一件金属紧身衣（见图 7）。它的宽窄与松紧，由铁链和插销加以调整。这种铁制紧身衣最初是外科医生为矫正畸形身体使用的，后来有的贵妇为保持挺拔的身形，居然将其作为日常服装。紧身衣用铁丝、鲸须及木条做成，虽不紧贴皮肉，但往往容易擦伤皮肤，给人造成难以置信的痛苦。甚至有人因过紧地束缚上身，呼吸器官受压迫而引起窒息。

不管贵妇的身材及体重，只要她们想进出宫廷，腰围必须保持在 13 英寸以内。[3] 由此可见，贵妇们穿着紧身上衣，不过是为了炫耀她们与宫廷的密切关系罢了。贵族男子也坚持用坚硬的紧身上衣保持身形，以显示其阳刚之气（见图 1）。在贵族眼中，只有他们才有资格穿紧身衣，下层社会人们需要弯腰从事艰辛的劳动，根本不该穿戴这种象征高尚灵魂和悠闲生活的服饰。

[1]　Liza Picard,. *Elizabeth's London: Everyday Life in Elizabethan London*. New York: St. Martin's Press, 2005, p.124.

[2]　Stubbes. *The Anatomie of Abuses*. p.92.

[3]　1 英尺 (foot) = 12 英寸 (inch) = 1/3 码（yard） = 0.3048 米（meter）

二、1603—1660 年低调的华丽

1603 年，伊丽莎白女王去世后，英格兰迎来了苏格兰国王詹姆士一世。此时，由于连绵不断的战争，英格兰国库空虚，债台高筑。国王再也无法依靠自己维持奢侈的生活，唯有寄希望于议会开征新税。然而，詹姆士一世不熟悉英格兰"王在议会"的传统，无法与议会很好地合作。1629 年，查理一世解散议会，开始个人专制统治。他通过出卖封号、专卖权等权宜之计，增加王室收入。到 30 年代末，王室

图 8　查理一世
图片来源 钱乘旦，许洁明著，《英国通史》，上海：上海社会科学院出版社，2002 年版，第 148 页。

收入已足够支付和平时期的费用。但是，危机四伏的查理一世宫廷，仍无法与奢华的都铎宫廷媲美，贵族们在着装上只是保持着低调的华丽。到内战与共和时期，清教的节俭禁欲观进一步冲击着贵族奢侈的生活方式，贵族的服饰在质地、款式、剪裁和饰品的搭配上，都有内敛的倾向。

从查理一世的肖像画看，这一时期的贵族男装仍保留着紧身上衣和长筒袜，但是半截裤不再采用填充式修饰，南瓜裤消失（见图 8）。查理一世的上衣仍有一些长的切口，但是已不再戴多重褶皱的拉夫领，而是将亚麻领翻折下来。比起都铎君主来，查理一世的服装装饰性元素大大减少。他只是在紧身上衣边缘饰有几十颗纽扣，裤子下端缝着一排排穗带，领子及袖口加上花边。靴

图 9　匿名贵妇（1618 年）
图片来源：Vincent, Dressing the Elite, p. 27.

口向外展开，鞋面上有玫瑰状饰物。

克伦威尔信仰清教，崇尚简朴的生活，着装比较简约。在内战中倾向于王党的史学家菲利普·沃里克（Philip Warwick），回忆克伦威尔的着装时，如此写道："他穿着非常普通的呢绒套装，看起来像是乡下成衣匠缝制的；他的亚麻领也很平常，还不是很干净；如果我没记错的话，他的腰带上还有一两点血迹；他的帽子居然没有帽带。"[1] 但是内战结束后，面对虎视眈眈的欧洲大陆专制君主，克伦威尔意识到政府官员和外交使节代表着英格兰的形象，他们在着装上应该保持华丽。1653 年护国公制建立之后，克伦威尔重新起用查理一世的衣橱总管克莱蒙特·金纳斯里（Clement Kinnersley），为政府各部门官员和外交使节提供服饰。[2] 克伦威尔及其家人的着装也变得华丽。1657 年，他的女儿弗朗西斯（Frances）和玛丽（Mary）均嫁入贵族家庭，婚礼场面的盛大让围观者觉得英格兰又回到君主制时代。果然，在 6 月的加冕礼中，克伦威尔穿着饰有貂皮的紫

[1]　Philip Warwick. *Memoires of the Reign of King Charles I*. London, 1701,p.2（http://galenet.galegroup.com/servlet/ECCO）

[2]　Ribeiro. *Fashion and fiction*. p.199.

色天鹅绒长袍来到威斯敏斯特宫，登上了国王的宝座。[1]

在这个动荡不安时期，贵族的女装也像男装一样，保持着低调的华丽。虽然紧身上衣继续束缚着贵妇的身体，但是拉夫领渐渐变小（见图9）。女裙免去撑箍和套环等固定物的支撑，布料从腰部自然下垂到边缘。当然，有很多裙形开始向两侧延伸，裙子的外形还是比较大。贵妇们通常会在裙子前方开口，给下裳的艺术效果增添色彩。将珍贵丝绸制成的衬裙小部分显露在外，体现的是贵妇们一种毫不张扬的奢华。

贵族女装既保留了一些传统的修饰方式，又添加了一些新的小饰品。从当时肖像画上看，领口和袖口仍有许多花边和褶皱。珍珠耳环、手镯等仍是颇受欢迎的饰品。自拉夫领被淘汰后，上衣的领口变大，贵妇们一般会戴上项链作为修饰。春夏秋季的手套和冬天的暖手筒，是这一时期时髦的贵妇必备的饰品。

三、复辟时期奢华和简约风格的冲突

历经磨难与流浪的查理二世重回英格兰后，模仿法国国王路易十四，在着装上比其父亲要奢华。这种奢华让经历了内战的民众颇感陌生甚至不满，更成为道德学家攻击王室的话柄。查理二世不得不放弃一味模仿法国宫廷的装扮方式，转而尝试一些新的款式，如颇具东方色彩的长背心。从复辟时期的肖像画看来，这一时期新旧着装风格激烈地冲突着。不但有正式的法国式着装，也有许多非正式服饰出现在肖像画中。

复辟不仅给英格兰带回了国王和宫廷，也带来了法国式服饰。而路易十四时期，法国贵族男装受巴洛克风格影响颇深，绚丽多

---

[1] Antonia Fraser. *Cromwell, the Lord Protector.* New York: Grove Press, 2001, p.615.

图 10　复辟时期的时髦男子
图片来源：Aileen Ribeiro, Fashion and fiction: dress in art and literature in Stuart England, New Haven : Yale University Press, 2005, p. 225.

图 11　穿长背心的贵族男子
图片来源：Jane Ashelford, The art of dress: clothes and society, 1500—1914, London: National Trust, 1996, p. 136.

彩、修饰性强、交错复杂，倍显富丽华美。贵族男子的典型装扮是：头戴插满羽毛的漂亮帽子，帽檐下披散着卷曲浓密的假发，全身的缎带、皱褶、蝴蝶结繁不胜数，脚上还穿着一双高跟鞋（见图10）。

　　裙裤（petticoat breeches）未经任何改变，从法国直接引入英格兰宫廷。这种裤子相当宽大，犹如当时的女式衬裙。每个裤管周长达5英尺2英寸，长及膝盖或小腿中部，且上方饰有许多缎带。缎带的应用，是这一时期男装的显著特点。缎带不仅打成蝴蝶结、玫瑰花结，而且代替了纽扣、扣和环等（见图10）。现存的一件复辟时期的衣服，耗费的缎带总长度达141码，而另一件使用了

图 12 穿正装的贵妇
图片来源: Ashelford, The art of dress, p. 100.

图 13 穿睡袍的贵妇
图片来源: Breward, The culture of fashion, p. 85.

216 码缎带。[1]领带和假发更增强了贵族男装的女性化倾向。领带大多数是针织而成，末端布满珍珠流苏。假发的制作异常精细，成本高昂，是贵族男子体现高贵地位的必需饰品。假发覆盖肩、背，垂至下巴，因此非常重且佩戴起来不舒服。

　　然而，法国式的奢华服饰在英国宫廷并未风行太久。1666 年 10 月，查理二世首次穿上了颇具东方气息的长背心，这种简单而舒适的服饰迅速普及开来（见图 11）。长背心取代坚硬的紧身上衣，对西欧的男装是一个重要革新。随后，与之配套的长外套也逐渐取代了之前的披风。而法国宫廷传入的裙裤，被长过膝盖的

_____

[1] Lesley Edwards. *Dres't like a May-Pole: A study of Two Suits, 1600-1662*. Costume, vol.14 (1980), pp. 86, 90.

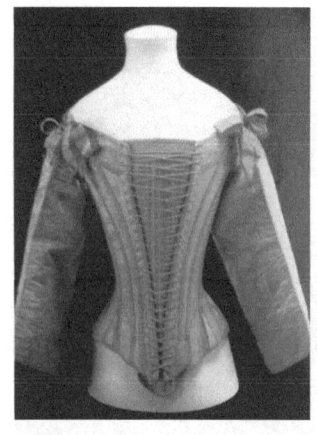

图14 带袖紧身胸衣
图片来源: 瓦莱丽·斯蒂尔著,《内衣: 一部文化史》, 师英译, 天津: 百花文艺出版社, 2004年版, 第21页。

图15 复辟时期流行的骑马装
图片来源: Ashelford, The art of dress, p.131.

背心掩盖了大部分。其上的缎带和饰品都显得多余, 最终被紧身的普通齐膝裤取代。因此, 查理二世引进长背心, 为英国男装的简约化奠定了基础。

从肖像画看, 复辟时期的女装也处在新旧冲突之中。既有一些人穿戴颇为正式的奢华服饰, 又有一些贵妇们随意地穿着睡袍(见图12、13)。

肖像画中贵妇们可以如此随意, 得益于复辟时期女装的一大革新。紧身上衣不再坚硬, 和裙子连在一起, 成为连衣裙。而三角形上衣的塑身功能, 被另一种贴身穿的系带紧身胸衣取代, 女性渐显曲线美(见图14)。

贵族妇女为满足骑射、打猎的需要, 新引进了一种骑马装(见图15)。她们穿上衬衣和夹克, 戴着假发和男士的帽子, 颇为英姿飒爽。这种类似于女扮男装的打扮, 招致许多人的批评, 就连追赶时髦的佩皮斯也难以接受。1666年6月12日, 他在日记中记录了对骑马装的看法。

我看到王后身边的贵妇们穿着骑马装, 包括外套、紧身上衣和衬衣都像男式的, 而且戴上假发和男式帽子。在她们全身男装下面, 仅有一条长长的衬裙, 可以显示其性别。

这是一种很奇怪的现象，我看到了非常
不舒服。[1]

　　虽然骑马装遭到一些人的批评，但
是在 18 世纪成为中上层女士衣柜中必
不可少的服饰。骑马装很实用，不但
可以在骑射打猎时穿着，而且非常适
合长途旅行。1710 年一位到英国埃普
索的游客发现，"有一大群人在马背上，
有男人也有女人，许多女人穿着男装，
戴着镶有羽毛的帽子，这在英国是很
常见的。"1734 年，昆斯拜瑞侯爵夫
人到欧洲大陆旅行，穿的是骑马装。"在
路上，不下 20 次被陌生人称呼为'先生'。"[2]

图 16　穿新式三件套的贵族男子
图片来源：天津师范大学《中
西服装史》精品课程网站
(http://59.67.71.237:8080/cfh/
course.html)

四、18 世纪男装的简约与女装再度奢华

　　"光荣革命"后，国王逐渐淡出人们的视线，宫廷不再是时
尚服饰的中心。实际权力掌握在以辉格党和托利党为代表的一批
贵族手中。同时，中间阶层的经济实力越来越强，占有的社会财
富比例大增，要求参与政权的呼声越来越高。贵族为确立其统治
的正统性和合法性，一改宫廷服饰的奢华风格，树立起一种新的
节俭、简约形象。从 18 世纪英国绅士的肖像画看，其着装以新式
三件套为主，即背心、半截裤和外套（见图 16）。

[1]　Samuel Pepys, Robert Latham (ed.). *The Diary of Samuel Pepys: a new and complete transcription* . Berkeley, Calif.: University of California Press, 2000, 12 June 1666, vol.7, p.162.

[2]　Ashelford. *The art of dress.* p.130.

图 17　蓬巴杜夫人

图 18　贵妇的夸张发型
"方当诗"

图 17、18 来源：天津师范大学
《中西服装史》精品课程网站
(http://59.67.71.237:8080/
cfh/ course.html)

英国男装的简化，还与贵族对乡村生活的热爱有着密切的关系。在宁静的乡村，贵族最频繁的娱乐活动是骑马和打猎。18世纪 30 年代，有乡绅穿着圆领大衣外出。而这种摆脱衣领束缚的大衣，最初是劳动者穿的衣服款式。1752 年，一名英国绅士来到巴黎，希望丢弃让他觉得非常不舒服的正装。他频繁地感慨，"我平日在英格兰穿着宽松无领大衣，相当舒适和自由。那是我们英格兰快乐宪政的象征，因为它不会将人束缚在一个不舒适的牢笼内，而是给人以足够多的自由，让人发挥自己的潜能。"[1]

贵族男子不仅注重大衣领口的舒适感，而且开始注意半截裤的尺寸大小和合身程度。在裤子靠近膝盖处，用一排纽扣将缝孔扣紧，而复辟时期流行的彩色缎带消失。同样，上衣的袖口变得很窄，也是在靠近手腕处用一排纽扣扣紧。裤子、袖子的变窄和缎带的消失，使男装更加合身、庄重而挺拔，贵族男子充满阳刚之美（见图 16）。

"光荣革命"后，厚重的披肩假发不再流行，贵族男子将两侧头发梳到脑后，用黑色发带或螺旋形缎带套固定。这种发型比起披肩长发来，更能给人留下干练的印象

---

[1]　Quoted in Valerie Steele. *The Social and Political Significance of Macaroni Fashion.* Costume, vol.19 (1985), p.102.

（见图16）。当然，在假发上仍流行扑粉。假发粉以加入橙花、熏衣草香味的淀粉制成，有时会加上紫蓝、蓝、粉红、黄等颜色，但最常见的是白色。

与贵族男装的简约化截然相反，"光荣革命"后英国贵妇的着装模仿法国宫廷，尽显奢华。18世纪法国宫廷女装受洛可可风格影响，趋于灵巧却带有浓重的人工雕琢痕迹。宫廷服饰引导贵族的着装潮流，进而影响社会中下层人们。路易十五宠爱的蓬巴杜夫人的服饰，都经过精心设计和挑选，以求气质高雅。她穿的丝质长袍，由于质量上乘而异常宽松柔软，给人飘然欲动之感。从肖像画看，蓬巴杜夫人着装的最大特征是宽大的褶皱和肥硕的裙裾，尽显纤细的腰身。长裙的每一处都经过制作者的精缀细缝，色彩舒适明快，图案精巧玲珑，卷曲的内衬和无尽的繁复细节相得益彰，使洛可可风格的服装艺术得到了最完美的体现（见图17）。

除了宽大的皱褶和肥硕的裙裾外，英国贵妇模仿法国宫廷的还有发型和头饰。18世纪下半叶，时髦贵妇热衷于别出心裁、标新立异的发型。她们为了使发型能够高高地直立起来，将粗布和假发裹在自己的头发里，然后用面粉糨糊浆硬。待头发干了以后，宛如一个硬纸盒（见图18）。这种发型在天热时会发出怪异的气味，贵妇们不得不随身携带香

图19 男子身旁饰满花朵的贵妇
图片来源：Ashelford, The art of dress, p.146.

035

水、香粉、和扇子等，以抵御和消减异味。不像 16 世纪的贵妇习惯在服装上缀满各色宝石，也不像 17 世纪时以花边和缎带装点服装，18 世纪英国贵妇用平面的大花图案和立体的缎带系扎的大花修饰服装。从当时贵妇的肖像画看，她们的领口、肩部、腰部，甚至头发上都装饰着花朵（见图 19）。

可见，近代早期英国贵族的着装，处在奢华与简约、矫饰与实用的冲突之中。贵族男装在经历了 16 世纪夸耀性的奢华后，到 17 世纪上半叶保持着低调的奢华。复辟时期贵族男装既受富丽堂皇的法国宫廷影响，又添加了一些简约的东方元素。到 18 世纪，贵族男装变得简约而实用。贵族女装虽然也在复辟时期有新旧风格的冲突，但到 18 世纪依然像欧洲大陆国家那样矫揉造作、华而不实。当时人认为女性本该漂亮奢华，就连著名的服饰批评家约翰·伊夫林（John Evelyn）都不批评女装。女性作为一个整体从属于男性，在政治变革中的影响力微乎其微，自身也尚未意识到要通过服饰表达政治诉求。因此，她们在着装上仍然遵循着诸多传统。虽然贵妇们的服装款式变化多端，但并未使她们的身体得到真正的解放。

第二节　中下层人们着装的变化

贵族的服饰款式新颖、质地精良、颜色鲜艳、做工精细，的确让人赏心悦目。但是，贵族服饰有很多款式是不实用的，不适合从事劳动的社会中下层人们穿戴。比如坚硬的紧身上衣、宽大的法勤盖尔裙、圆盘似的拉夫领和沉重的披肩假发等，这一类束缚身体的服饰并不受普通人欢迎。就服饰质地来讲，普通大众根本没有能力购买价格昂贵的丝绸、天鹅绒、貂皮服饰。中下层人们的服饰也并不像贵族那般鲜艳，直到18世纪才变得五彩斑斓。普通大众穿戴的服饰，其中有很大一部分是自给自足的，并非由行会成衣匠量身定做。因此，在近代早期，社会中下层人们的服饰经历了一个独特的变化过程。

首先，在着装风格上，普通民众的着装逐渐摆脱了简单实用的单调风格。农民将日常劳作时的服饰与节假日的服饰区分开来，而城市中下层人们则竭力追赶时髦。自16世纪始，农业生产技术进步加快，农业剩余产品不断增多。农民将获得的那一部分剩余产品交换成生活必需品，其中包括漂亮时尚的服饰。这些漂亮服饰与他们日常劳作时穿的衣服差别很大，却可以在最公开的场合得到展示，赢得周围人的尊重。1603年的一本讽刺小说讲述了一则故事，贫困的新婚妻子在自己家里甘于穿普通衣服，去教堂时却坚持要穿漂亮衣服。

一位新婚不久的妻子，难忘婚礼上寒酸礼服招来的鄙夷目光，希望拥有一套漂亮的衣服，可惜丈夫囊中羞涩。她对丈夫明言，日常生活中穿着普通衣服就很满足了，但是去参加宗教仪式，如教堂礼拜、洗礼、婚礼等，她必须穿得漂亮一点，这样才不会被人耻笑。她使丈夫明白，一个人的社会声誉是通过服饰建立起来的。心软的丈夫最终被说服了，为她买了一套新衣服。在得到这套衣服之前，她总是把自己关在家里。后来，只要遇上节庆，她一定会出门，让所有人看到她的漂亮衣服。每个周末她都会去教堂做礼拜，在那里见到教区的人们，也能被别人见到。[1]

[1] Quoted in Susan Vincent. *Dressing the Elite: Clothes in Early Modern England*. New York: Berg, 2003, pp.94-95.

农业剩余产品的增多，为城市工商业的发展提供了基础，商人、律师、教士、医生、教师、熟练工匠等专业人士的收入也有所增长。他们为赢得新的社会地位，穿上带扣的鞋子和白色长筒袜，并戴上假发和礼帽，骄傲地出现在各种公共场合。18 世纪早期，旅居英国的荷兰学者曼德维尔注意到，生活在城市的中下层人们，比乡村的约曼、雇工、农夫等更加注重穿着打扮。

在没有人认识自己的地方，人们往往都会因为衣服和其他随身用品而受到相应的尊敬。我们根据人们的华丽外表去判断其财富，根据人们订购的东西猜测其见识。正是这一点激励着每一个人，只要一个人还算有本事，他就会在意自己小小的长处，就要穿高于自己社会地位的衣服，在人口众多的大城市里尤其如此。在那里，无名小辈在一个小时中能遇上五十个陌生人，却只能遇见一个熟人，因此可以享受到被大多数人尊重的快乐。[1]

其次，由于纺织业的发展，社会中下层人们服饰的质地也发生了很大变化。16 世纪上半叶，普通劳动者穿的是厚重粗呢绒或坚硬皮革制成的衣服。16 世纪下半叶，由于新毛呢纺织技术的引进和乡村手工业的发展，普通大众穿上了质轻价廉的新毛呢服饰。到 17 世纪下半叶，随着欧洲大陆生产的亚麻布增多，且分为价格不一的多个等级，平民终于有机会穿戴相对便宜的亚麻布服饰。

1666—1671 年间，典当商约翰·波普（John Pope）留下的典当记录显示，当时很多来自中下层的人们穿亚麻布服饰。波普的邻居在遇到天灾人祸时，通常会将一些值钱的物品送到他的当铺，

---

[1] 伯纳德·曼德维尔著，肖聿译. 蜜蜂的寓言：私人的恶德 公众的利益. 北京：中国社会科学出版社，2002. P97 — 98.

以换取现金。其中,服饰是当铺内比例最大的商品,占店内总商品数量的 78%。经统计,波普店内服饰有 50.7% 是亚麻质地的,39.44% 是传统毛纺织品。[1] 显然,英国传统的呢绒织品已经丧失了其在服饰市场的主导地位。当时有人抱怨,"一直以来为人称道的英国服饰,开始随法国的潮流而改变。妇女的帽子变成了法式头巾,每个女仆都愿意花费半个月的工资购买时髦的法式头巾"。[2]

17、18 世纪之交,随着与印度殖民贸易的展开,大量印度商品涌入英格兰。印度棉布的实用、舒适、色彩斑斓和浓厚的异国情调,让英国消费者迅速为之倾倒,仅 1684 年就有逾百万件棉布服饰运至英格兰。[3]1719 年,一位小册子的作者这样描述当时人的着装:

> 所有卑微的人,包括女仆和不起眼的穷人,都按照自己的意愿着装……他们都穿上了棉布服饰,因为这类服饰价格低廉、质地轻薄,而且色彩明快……不论是在大街上玩耍的穷人家小孩,还是在寄宿制学校上学富裕家庭的小孩,都穿着棉布和亚麻服饰。[4]

到 18 世纪下半叶,英国本土棉纺织业为市场提供了许多中、低价格的棉麻布料和服饰,满足了那些收入有限,却追求体面和端庄的消费者的需求。购买棉布服饰,并经常洗涤衣物以保持洁净,逐渐成为人们的着装习惯。工匠塞缪尔·班福德(Samuel Bamford)在自传中,很自豪地谈到他的母亲。从他的描述中,我们可以看到一位 18 世纪节俭的母亲,其个人形象被干净的棉布服

---

[1]　See Lemire. *Second-hand beaux and "red-armed. Belles"*. p.396, Figure 1.

[2]　Quoted in Lemire,. Second-hand beaux and "red-armed. Belles". p.396.

[3]　K. N. Chaudhuri. *The trading world of Asia and the English East India Company.* Cambridge: Cambridge University Press, 1978, p.282.

[4]　Quoted in Lemire. *Second-hand beaux and "red-armed. Belles".* p.397.

饰照亮。

我的母亲是一位很有女子气质的、慈祥的母亲。她身材高挑而笔直，皮肤白皙，脸颊白里透红，像两个红苹果；她黑色的头发整齐地蜷成一圈，被一个干净的白色亚麻布帽子团团围住；她的脖子上系着白色的小方巾；上穿长袍，外加一条干净的棉布围裙，下穿黑色的长筒袜和鞋子。[1]

社会中下层人们服饰质地的变化带来颜色的转变，从暗沉的颜色变得五彩斑斓。英国传统羊毛纺织品的颜色具有特殊的象征意义，从蓝色到土褐色，如同从蓝天到褐土一样，代表着社会地位逐渐降低。都铎时期年收入少于 40 英镑者，都不得穿紫色、深红色和蓝色服饰。[2]17 世纪下半叶法国亚麻布的引进，使社会中下层人们不再穿土褐色、绿色或黑色的重羊毛纺织品，也逐渐淘汰了皮革裤子和带有风帽的粗呢大衣。白色的衬衣、帽子、头巾和脖子上系的亚麻小方巾，为店员、女仆、铁匠们赢得更多人的尊重。[3]18 世纪进口的中低档印度棉布和本土生产的棉纺织品，色彩更加明快，备受普通大众欢迎。

最后，社会中下层人们服饰的变化，既得益于进口贸易和本土纺织业的发展，又与服饰制作方式的转变密不可分。英国内战之前，成衣匠行会的发展还比较顺利，贵族的绝大部分服饰依赖于行会师

---

[1] Samuel Bamford. *Bamford's Passages in the Life of a Radical and Early Days*. London: Unwin, 1905, vol.1, p.30. （http://www.archive.org）

[2] *An act against wearing of costly apparel*. in The statutes of the realm, Buffalo, N.Y. :W.S. Hein,1993,vol.3, pp.430-431.

[3] Beverly Lemire. *Second-hand beaux and "red-armed. Belles": conflict and the creation of. fashions in England, c. 1660–1800.* in Continuity and Change, vol.15, no.3 (2000), p.395.

傅的量身定做。而社会中下层人们的服饰主要依靠自家纺纱织布然后自己缝制，也有一些人购买贵族淘汰的旧服饰。无论是行会精心缝制的服饰，还是普通大众自给自足的服饰，数量都是相当有限的。自查理二世复辟起，随着殖民战争的不断升级和殖民贸易的扩大，军队、殖民者、奴隶、囚犯等，都需要大量廉价成衣。行会成衣匠的量体裁衣再也不能适应市场的需求，服饰的制作方式发生了根本性转变。工资低廉的女成衣工在分工细致的手工工场，生产出大批廉价成衣。殖民战争结束后，这些手工工场生产的廉价成衣，因其简单实用和价格低廉走入寻常百姓家。

社会中下层人们着装的变化过程，其实是一个与贵族的着装差距不断缩小的过程。经过三个世纪的演变，社会中下层人们不但可以像贵族那样穿上质地柔软舒适的衣服，而且服饰的颜色也丰富起来，不再是单调的暗沉颜色。他们除了拥有日常劳作时的普通实用服饰，还可以在节假日如同贵族一般，穿上漂亮时尚的服饰。

服饰作为文化的一种表现形式，必然受到当时文化大背景的影响。文艺复兴时期的服饰有异于中世纪的服饰，巴洛克时代的服饰与洛可可时代的服饰也有着很大差异。在近代早期这个贵族引领时尚潮流的时代，贵族的服饰尤其有着深深的文化烙印。16世纪英国贵族的服饰极端奢华，反而束缚了人的身体。但是，这种束缚是张扬的、夸耀性的，与中世纪禁欲式掩盖身体美的着装风格完全不同。受路易十四宫廷巴洛克风格的影响，复辟时期英国贵族的服饰绚丽多彩且修饰性强，缎带、皱褶、蝴蝶结繁不胜数。而18世纪英国贵族的女装受洛可可风格影响，趋于灵巧却带有浓重的人工雕琢痕迹。服装纹样题材广泛，人物、动物、亭台楼阁、几何图案一应俱全，充满着清新大胆的自然感。

然而，服饰毕竟不同于绘画、雕塑等纯美术作品，它还具有实用性，与社会的发展有着密切的关系。因此，服饰的变化既反映文化大背景的变化，又不一定遵循它的变化趋势。英国贵族的男装和女装，同样经历了复辟之前或夸耀或低调的奢华，都在复辟时期出现了简约与奢华的冲突。但是它们到"光荣革命"后分道扬镳，男装变得简约实用，女装再次回归奢华矫饰。贵族女装的变化反映了欧洲文化大背景的变化趋势，而男装却偏离了它的方向。英国贵族男装先于女装由奢华矫饰变得简约实用，是由男性在社会变革中的主导角色决定的。而英国贵族男装在 17、18 世纪之交就变得简约，早于欧洲大陆国家，则与英国社会特殊的政治变革密切相关。

第 *2* 章
服饰与英国社会的政治变革

在近代早期英国社会的政治变革中，总趋势是王权的衰落和议会权力的增长。君主将宫廷作为英格兰的时尚中心，时髦奢华的服饰是其权力的象征。因此，不但国王本人穿上款式新颖、质地精良、价格昂贵的服饰，而且王室成员、经常出入于宫廷的政府官员的服饰，也要尽量体现君主的权力。随着王权的衰落，国王逐渐丧失其在时尚潮流中的领导地位。"光荣革命"后，议会为确立其统治的正统性与合法性，将宫廷的奢华批判为一种政治恶德。议会成员穿上简约、舒适、实用的服饰，树立起新的道德模范形象，有利于巩固君主立宪制度。

第一节　服饰与新君主制的确立

一、亨利八世的宫廷服饰塑造强大王权

亨利八世统治时期，议会通过了四条限制奢侈服饰的法令，试图利用服饰的差异确定各等级人们的社会地位，并减少奢侈品的进口，促进本国呢绒业的发展。这几条法令都劝说贵族和骑士少穿丝织品，为社会中下层臣民做出表率，甚至要求国王及宫廷

内所有贵族都穿上匈牙利式的灰色呢绒长袍。[1] 然而，国王树立的是另一种模范形象，他穿戴的大多数是进口服饰。

国王在抑奢法中承诺俭朴，却为何实际穿戴的是昂贵的进口服饰呢？当时政治家约翰·福蒂斯丘（John Fortesque）爵士如此为国王的昂贵着装辩护，"国王需要拥有昂贵的服装和皮毛，贵重的宝石以及各种名贵的珍珠等。唯其如此，才能彰显他作为国王的身份。若国王不穿戴这些服饰，与其身份不相符合，那将是一件非常痛苦的事。"[2] 为了显示君主的特殊地位，昂贵的服饰是必不可少的。

当然，除了显示其特殊身份外，国王穿戴奢侈的进口服饰，还有更雄辩的理由。在近代早期的欧洲大陆，宫廷的富足体现的是整个王国的富足。因此，亨利八世必须穿得华丽，向外国来访者展示英格兰的富裕。都铎初期，英国王室比起西班牙、法国王室来，还不够气派，急需在着装上塑造强大的形象。外国大使经常会仔细观察亨利八世的着装，并将其汇报给本国君主。因此，在重要场合，国王必须穿上昂贵的衣服，不但展示给他的臣民，也展示给外国使者。若他在着装上有何不妥，往往会招致评论。1513年10月，在一场执长矛的骑马比武中，米兰的一位大使发现，"亨利八世在盔甲外套着一件非常漂亮的背心，这背心是天鹅绒质地并且有几种颜色，饰有黄金丝线，非常精致，只可惜他以前就穿过这件衣服"[3]。因此，国王的富有既要表现在服饰的质地和颜色上，又要体现在服饰的款式、成本和数量上。

---

[1] *An act against wearing of costly apparel.* in The statutes of the realm, vol.3, ,pp.8, 121,430.

[2] Maria Hayward. *Luxury or magnificence? Dress at the court of Henry VIII.* Costume, vol.30 (1996), p.37.

[3] Hayward. *Luxury or magnificence? Dress at the court of Henry VIII.* p.38.

亨利八世不但重视自身的服饰，而且对其宫廷内女眷的着装严加监督。她们代表的是国王，无论在臣民还是外国使者面前，都不能疏忽大意。当亨利决定将其妹玛丽嫁给法王路易十二后，命令王家衣橱（Great Wardrobe）总管务必为玛丽准备丰厚的嫁妆，为她设计高雅时尚的服饰。这样能确保玛丽得到法国王室的认可和赞许，更重要的是，她的着装体现的是兄长的财富和威望。

　　虽然国王的几任妻子都对宫廷内人们的着装负责，但她们自己的着装由亨利掌控。一般说来，若失宠于国王，服饰必会变得俭朴。亨利八世的第 5 任妻子凯瑟琳·霍华德,1541 年 11 月因通奸罪被捕，到 1542 年 2 月被处死。在获罪期间，她的服饰发生了相当大的变化。枢察院授权大主教克兰默，没收霍华德的紫色金丝绒、天鹅绒、丝绸和银丝绒服装，并将珠宝首饰全部归国库，只留下几件不显眼的衣服。霍华德只能拥有 6 个法式头巾、6 副衣袖、6 件长袍和 6 条裙子，且这些衣服上不能镶嵌任何珠宝。[1]亨利八世作为宫廷内的家长，对其女眷的着装拥有绝对的权威。她们可以穿什么样的服饰，不能穿哪些服饰，完全出于亨利个人的喜好。

　　对宫廷内各级官员的服饰，亨利八世也有着充分的干预权。宫廷内大部分官员的服饰由王家衣橱（Great Wardrobe）提供，服饰的颜色、款式、数量和饰品等，都必须遵循王室的严格规定。1539 年起，绅士、官员以及宫廷音乐家们，都必须穿黑色锦缎长袍，其上可使用少量黑色天鹅绒和兽皮作为修饰，另加一件黑色天鹅绒上衣和披风，一条黄金腰带，构成他们的制服。犬警的缎子上衣价值 8 先令，宫廷内的约曼和马夫的羽纱上衣价值 3 先令 8 便

---

[1] Hayward. *Luxury or magnificence? Dress at the court of Henry VIII*. p.41.

士。[1] 当然，必须步行的犬警，每年可额外领取 14 双鞋。[2] 宫廷内的工匠，包括技术熟练的石匠、木匠等，在每年的复活节都可以获得一套红色呢绒制服。制服的前胸和后背上，分别用黑线绣上了"H"和"R"字。在亨利八世的宫廷，从大小官员到技术熟练的工匠，不论本身拥有多少财富，处于什么样的社会地位，着装必须按照国王的旨意。国王在赐予他们制服的同时，也是在明确一种依附关系。朝臣的制服显示的是与国王的亲密程度，反映的也是国王的财富。

除了监督宫廷内大小官员的着装之外，国王还赋予朝廷重臣诸多着装特权。1533 年抑奢法赋予大法官、掌玺大臣、司库大臣和枢密院首席大臣着装特权。不论这四位大臣属于哪个社会等级，都可以穿戴天鹅绒、缎子和丝绸制成的服饰，除紫色之外的任何颜色均可。[3] 这条规定将四位大臣的着装特权置于公爵之上，而仅在王室成员之下。上层政府官员不再按其出身或所处的社会等级而定级，而是按照职能分级，有利于非贵族血统的官员更好地效忠国王。

亨利八世在统治晚年，大力提携嘉德骑士，赋予其着装特权。[4] 嘉德骑士团的成员少而精，包括国王在内仅 25 人。国王任团长，其他嘉德骑士由国王提名，经大臣选举产生。这个特殊的荣誉团

---

[1]　英镑、便士、先令都是英格兰的旧货币单位，1 英镑＝ 20 先令，1 先令＝ 12 便士。

[2]　Hayward. *Luxury or magnificence? Dress at the court of Henry VIII.* p.42.

[3]　*An act for the reformation of excess in apparel.* in The statutes of the realm, vol.3, p.432.

[4]　嘉德骑士又称"袜带骑士"，嘉德勋章（The Most Noble Order of the Garter）是英格兰国王授予骑士的最高级别勋章。关于这枚勋章的来源有不同的传说，其中最普及的传说是有一次爱德华三世在埃尔斯姆宫殿，与一位索尔兹伯里女伯爵跳舞时，女伯爵的吊袜带突然掉落在地，引起宫廷贵人哄笑。而爱德华三世将这根吊袜带拾起，系在自己的腿上，并当众宣布"Honi soit qui mal y pense"（"Shame on him who thinks evil of it"，即"心怀邪念者蒙羞"）。在正式场合下，嘉德骑士要佩戴印有这句格言的吊袜带。

体，在很大程度上反映的是国王的喜好，而与出身爵位无直接的关联。1536 年 4 月 24 日，保守派的领导人之一尼古拉斯·卡鲁爵士，被推举为嘉德骑士，而这一名额原本是博林的哥哥乔治·里奇福特的。这个让人诧异不已的结果，其实预示着国王喜好发生了变化。七天之后，博林和她的兄长都以叛国罪被捕。嘉德骑士的特权，在 1533 年的抑奢法中进一步加强。"嘉德骑士可以穿紫色的服饰，而所有嘉德骑士之下的人不得穿深红色和蓝色天鹅绒。"[1] 一直以来，紫色是专属于王室成员的高贵颜色。然而，亨利八世将这一着紫色服饰的特权赋予了嘉德骑士，可见他们在宫廷中地位有多么重要。

1510 年抑奢法规定，国王可以特许他的臣民穿任何服饰。[2] 于是，国王常常通过特许服饰，提拔他最亲近的朋友。尤其在比武和重大庆典中，国王会借机特许他的朋友穿上以前不能穿的衣服，以赢得围观者的尊重。国王还会对服饰的颜色和款式，提出独特的意见。1511 年的一次盛大舞会上，国王 、托马斯·内维特、查尔斯·布兰登、爱德华·内维尔、亨利·吉尔德福特和埃塞克斯伯爵，都穿着金丝绒的长筒袜以及耀眼的蓝色缎子上衣，戴着蓝色天鹅绒的米兰软帽。其中查尔斯和亨利所处的社会等级低于其他人，但在这个特殊的热闹场合，这些服饰将他们俩成功地纳入国王的亲信圈之内。[3] 所以，与国王的亲密关系可以让人成功地跨越等级界线，而这些界线在抑奢法中有着明确的规定。要跨越它们，服饰是一条颇为和平而有效的途径。

在 16 世纪这样一个识字率不高的年代，视觉的印象比文字的

---

[1] *An act for the reformation of excess in apparel.* in The statutes of the realm, vol.3, p.430.

[2] *An act against wearing of costly apparel.* in The statutes of the realm, vol.3, ,p.9.

[3] Hayward. *Luxury or magnificence? Dress at the court of Henry VIII.* p.43.

图 20　伊丽莎白一世纹章上的画像
图片来源：Breward, The culture of fashion, p.64.

印象更重要。故不难理解亨利八世为何如此注意自身形象的塑造，同时对宫廷内其他王室成员和大小官员的着装，都进行限制或赐予特权。虽然亨利八世因此招致一些质疑和批评，但他留给臣民和外国使者的华丽印象却是持久的。1518 年，法国人对英国外交大使的印象是"极度华丽的着装"。当查理五世访问英国时，英格兰王国的富裕，给这个西班牙人留下了深刻的印象。亨利通过这种和平的方式为英国王室赢得了欧洲大陆的尊重。而在宫廷内部，王室成员、各级宫廷官员的着装都依国王个人的喜好而定，实质上体现的是国王的权威。

二、伊丽莎白女王的服饰巩固王权

伊丽莎白一世时期（1558—1603）是英国服饰史上一个相当重要的时期。没有哪位君主像伊丽莎白一世那样对服饰倾注如此大的兴趣和热情，也没有哪个时期服饰能在形象的塑造上产生如此重大的影响。伊丽莎白女王的着装极度奢华，进一步巩固了都铎王朝的强大王权。

伊丽莎白一世像她父亲那样，在服饰的质地、数量、款式和颜色上，极为考究，依此来塑造威严的王权形象。她也对宫廷内的王室成员及大小官员的着装,进行严格的干预和管制。凡此种种,与亨利八世极为相似,故不赘述。而人们对纹章的痴迷,则是颇值得注意的。到伊丽莎白一世统治时期,英国的社会流动速度加快,而纹章是认定个人和家族社会地位的一种主要方式。[1] 女王本人的至尊地位,更是通过各种各样的徽章显现出来。比起肖像画,徽章的流传更广,可以在纪念碑、祈祷书上,也可以在市政厅、教堂等公共场所传播。在徽章中,主角的服饰起着重要的象征作用。女王在日常生活和肖像画中矫揉造作的服饰,在徽章中往往能给人以一种"宝石镶饰成的圣像"的感觉(见图20)。

如同亨利八世时代,许多外国使者在回国后,向国王描述英格兰女王伊丽莎白时,总会重点强调她的服饰。1597 年,一位法国外交大使这样描述女王:

> 她的着装很奇特,是由银丝绒制成的白色与深红色衣服……她的衣服领子很低……如果她觉得热的话,还会将长袍的纽扣解开……她的皮肤非常白皙,是我从未见过的。[2]

巧合的是在同一年,英国一位占星术家西蒙·福尔曼(Simon Forman),虽未曾亲眼见过女王,在梦境中见到的女王,与法国大使所描述的极为相似。

> 我梦到了女王,她是一位稍显年老的女人。她穿着一条白色的衬

[1] E. Chirelstein. *Lady Elizabethan Pope: The Heraldic Body.* in L. Gent and N. Llewellyn, eds. *Renaissance Bodies: The Human Figure in English Culture. 1540-1660,* London: Reaktion Books, 1990, p.48.

[2] Quoted in Christopher Breward. *The culture of fashion: a new history of fashionable dress.* Manchester and New York: Manchester University Press, 1995, p.63.

裙，和我走在乡间小路上，谈论着许多有趣的事情。我们来到一个大教堂附近，那里聚集了很多人，其中有两人的语音相当难懂。其中有一名是织布工，身材高大，蓄着微红的胡须，许多人都被他的话逗笑了……后来我们走到一条泥泞小道，女王穿着一件白色的长罩衣，非常干净整洁。为了避免罩衣拖到地上，我帮她托着外套和罩衣。[1]

在这两个画面中，强调最多的都是女王服饰的洁白无瑕，这代表着伊丽莎白一世的处女身份和贞洁。在宫廷内部，女王的着装随时受到众朝臣的观赏、艳羡抑或评论。她必须让自己穿戴得像一件艺术品一般，使她的优秀品质通过着装完美地体现出来。而在宫廷以外，尤其是伦敦以外的市镇、乡村，大部分人并无机会亲眼一睹女王的尊容。当时的信息、图像传播，远远不及现代社会迅速快捷，大部分臣民对女王的印象只能通过纹章获得。伊丽莎白一世作为女性，却统领着整个英格兰，包括成千上万的男性臣民，她的合法性，曾遭到多方质疑。纹章中洁白无瑕的服饰塑造出贞洁女王的神圣形象，增强了臣民的认同感。

第二节　服饰与英国内战

一、批评奢侈服饰与反王权情绪的形成

17 世纪初，英国社会清教思想传播加快。清教徒不但包括那些思想激进的长老派和加尔文派教徒，还包括那些虽然仍留在国教教会，却对坎特伯雷大主教威廉·兰德（William Land）不满的人。清教徒坚信自己是上帝的选民，尤其在这样一个动荡与危机并存的年代，维持一种有节制的高尚生活至关重要。首先在穿

[1]　Breward. *The culture of fashion*. p.63.

着打扮上应抵制各种各样的诱惑，因为一个人的外在形象体现的是他（她）的精神面貌。弗朗西斯·夸尔斯（Francis Quarles）在他的短诗中写道："肉体是灵魂的躯壳／而服饰是躯壳的外壳／这层外壳会告诉你果仁是什么样子的。"[1]

同样，内衣也是一个人道德品质的体现，衬衣能让人知道他的拥有者是否诚实，因为它的洁净表示诚实。而又大又宽的拉夫领，显示的是无限的野心与虚荣。

不仅清教徒认为着装应该简洁，其他许多教派的教士们也坚信，人类最初的服饰是简单自然的。约翰·布尔沃（John Bulwer）主张，"衣服应按照身体的形状和比例剪裁，上帝给我们的祖先制造衣服时，完全是按他们的身材而做的"[2]。约翰·威廉（John William）博士 1619 年 2 月 22 日，在国王面前宣讲的一份布道词中，对当时人服饰的批评，深得清教徒和国教徒赞同。威廉批评人类为了得到漂亮服饰，强夺自然资源。那些沉迷于服饰的人，总是相当肤浅。

为了戴上珠宝，人们跳入海里；为了获得闪耀的钻石，去破坏岩石；为了获得黄金，不惜挖到地球中心……一个沉迷于服饰的人，不会去思考严肃而有意义的事情。当他们本该阅读的时候，目光却被五颜六色的服饰吸引；当他们本该聆听的时候，各种小饰品碰撞发出的格格声占据了他们的耳朵；当他们本该沉思的时候，满脑子充斥的都是各种各样的时装。[3]

---

[1] F. Quarles. *Epigrammes*. London, 1640, p.127.（http://eebo.chadwyck.com）

[2] John Bulwer. *Anthropometamorphosis: Man transform'd; or the artificial changeling*, London,1650. p.263. (http://eebo.chadwyck.com）

[3] John William. *A sermon of apparell preached before the Kings Maiestie and the Prince his Highness at Theobalds*. London ,1620, pp.16, 20. (http://eebo.chadwyck.com）

在教士们看来，宫廷是时尚服饰的集中地，于是他们把批评的矛头直接对准宫廷。亨利·皮奇姆（Henry Peacham）将时装比喻为一场无法治愈的传染病。"首先是宫廷受传染，然后扩散至城市，最后波及乡村。"[1]虽然时尚的传播并非单向的模仿那般简单，但是至少在17世纪上半叶，人们对此是深信不疑的。

17世纪初宫廷的服饰将前朝的浮夸之风发展到极致，招来许多尖刻的批评。尤其是那些国王的新宠们备受诟病。如白金汉郡的第一位公爵乔治·维利尔，非世袭贵族出身，却经常出入于宫廷，炫耀着他华丽的服饰。詹姆士一世的宫廷被描绘成满是寄生虫的肮脏场所，朝臣们的最大乐趣就是欣赏自己。1606年，巴纳比·里奇（Barnaby Rich）在《错，错，全部都是错》一书中，将宫廷内的大臣们比喻为蛀虫。"一个傲慢无比的宫廷，使这个国家变得虚弱。而宫廷内的朝臣们就像蛀虫，是对英格兰危害最大的害虫。"[2]的确，在一个服饰相当昂贵的时代，着装奢华的朝臣们就像蛀虫一样，在不断吞噬着国家的财产。

托马斯·奥弗伯利爵士，知晓詹姆士一世宫廷的阴暗面，认为朝臣都是一些沉迷于时装的人。"如果他在宫廷内，一定是在最时髦的王子身边；若不在宫廷，他肯定是在圣保罗大教堂。"[3]保罗大教堂是伦敦市民欣赏或被欣赏最新时装的地方，也是很多流言蜚语的发源地，还是印刷品交流的中心。热爱时尚的人经常会要求成衣匠陪同至圣保罗，以专业的眼光观察广场上的人们。成衣匠根据观察所得，将他的顾客装扮成相当时髦的人。

---

[1]　Henry Peacham. *The truth of our times*. London, 1638, p.63. (http://eebo.chadwyck.com）

[2]　Barnaby Rich. *Faultes faults, and nothing else but faultes*. London, 1606, p.55. (http://eebo.chadwyck.com）

[3]　Quoted in Ribeiro. *Fashion and fiction*. p.162.

因此，成衣匠也经常招致清教徒的批评，里奇曾夸张地质疑，"为何成衣匠每天都可以发明新的款式呢？"[1] 当然，成衣匠受批评不仅仅是因为他们创造和传播新时装，还因为他们在为顾客量体裁衣时，有骚扰女顾客的嫌疑。他们经常靠近女顾客的身体，有好色的名声。

17 世纪初的清教徒，除了批评宫廷服饰太过奢华艳丽之外，还抱怨英国的宫廷服饰没有民族特色，只是像猴子一样模仿欧洲大陆的宫廷服饰。德科尔在书中将亚当和夏娃时代的服饰，与 17 世纪初宫廷的服饰作比较。"我们的祖先既不穿荷兰南瓜裤，也不穿瑞士的多孔下体盖片，也不会像丹麦人那样有宽大的袖子，或法国式的立领，更不会有错综复杂的拉夫领。"[2] 同样，皮奇姆在《我们这个时代的真相》一书中，表达了对西班牙、荷兰等国的钦佩与羡慕之情。"它们的服饰历经几百年仍保持着自身的特色，而英国人热衷于模仿大陆各国，没有自己的发明创造。"[3] 在詹姆士一世时代，夸张的外来服饰尤其备受批评。荷兰的南瓜裤、西班牙的拉夫领受到的非议最多。随着西班牙的衰落和法国的崛起，英国王室对富丽堂皇的法国王室羡慕不已，在着装上开始模仿法国宫廷。这种奢华在国王看来，代表着强大的王权。可是在批评家眼里，纯粹是奢侈浪费，是一种罪恶。因此，对法国服饰的批评，往往不是单独非议某件新潮的服饰，而是将其等同于奢侈浪费。本·约翰逊（Ben Johnson）1616 年描述一名"英国绅士"时，以嘲讽式的语气说道："这位英国绅士全身上下都说的是法语，从围巾到帽子、鞋子、领带、吊袜带，都是法国式的。

[1]　Barnaby Rich. *The honestie of this age*. London, 1614,p.23. (http://eebo.chadwyck.com）

[2]　Quoted in Ribeiro. *Fashion and fiction*. p.165.

[3]　Henry Peacham. *The truth of our times*. London,1638, p.73. (http://eebo.chadwyck.com）

图 21　表现王党和议会党着装差异的讽刺画

图片来源: Ribeiro, Fashion and fiction, p. 187.

当他徘徊在圣保罗大教堂附近时，一定会引起成衣匠的注意。"[1]

　　既然宫廷的服饰过于奢侈华丽，不宜作为人们模仿的典范，那么应该怎样着装才算是庄重得体呢？伯顿认为，"穿上款式新颖、价格昂贵的服饰，其实是一种愚蠢的行为。服饰必须与年龄、场合相符合，且在自身的支付能力之内。"[2] 爱德华·格里姆斯顿（Edward Grimston）在行为守则《诚实的人》中谈到，"一位老人穿上绿色的天鹅绒外套是非常可笑的，而一个年轻人总是穿黑色衣服，也不会显得优雅。"[3]

---

[1]　Quoted in Ribeiro. *Fashion and fiction*. p.165.

[2]　R. Burton. *The Anatomy of Melancholy*. London, 1621, p.567. (http://eebo.chadwyck.com）

[3]　E. Grimston. T*he honest man: or, The art to please in court*. London, 1632, p.354. (http://eebo.chadwyck.com）

詹姆士一世和查理一世试图像都铎君主那样，通过奢侈华丽的服饰塑造一个富裕强大的王室形象，以进一步加强王权。然而，此时的新贵族和中间阶层在经济上日益壮大，不再甘心忍受君主对他们的横征暴敛和种种限制。他们的不满反映在对宫廷的各种批评和抱怨上，也包括对宫廷奢华服饰的批评。其中最尖锐的指责是将朝臣比喻为寄生虫，因其华服是横征暴敛之后才获得的。清教徒对宫廷服饰的批评，也为民众揭开了宫廷服饰的神秘面纱。神圣无比的王室与宫廷，被冠以奢侈浪费、无创造力、无独特性等恶名，仇视国王的情绪随之增长。可以说，清教徒借服饰之名，为英国内战作了很好的舆论准备。

二、服饰与内战中两大派别的斗争

传统的服饰史家认为英国内战时期，两个政治派别在着装上有着明显的差异。20世纪初的史学家塞勒（Sellar）和伊顿（Yeaton）指出：

查理一世是一个傲慢的国王，蓄着一副细细上翘的尖胡须，披散着长长的卷发，戴着一顶巨大的扁平帽，穿着非常鲜艳的衣服。而圆颅党人将胡须剃得一干二净，戴着高高的圆锥形帽子，洁白的衣领，整个装扮是朴实无华的。在这种巨大的分歧下，一场内战是不可避免的。[1]（见图 21）

此番装扮的强烈对比，在一定程度上是符合当时实际情况的。因为一部分清教徒将头发剪得很短，几乎接近头皮，与当时人卷曲的长发形成鲜明的对比，像一个滚圆的头颅，故称"圆颅党"

---

[1] Quoted in Ribeiro. *Fashion and fiction*. p.187.

图 22 反映内战时期人们着装错乱的讽刺画

图片来源: John Taylor, Madfashions, od fashionsall out fashions, London, 1642, 封面.

（Roundheads）。该词被王党人士轻蔑地称呼所有支持议会的人。而"骑士党"（Cavaliers）一词源于西班牙语"Caballeros"，即西班牙绅士、骑师，是议会党人对英国宫廷忠诚于西班牙宫廷的嘲笑。在 1641 年伦敦的市民、学徒与王党军官的一场冲突中，后者呼前者为"圆颅"，而前者回敬后者为"西班牙骑士"。

这两种称谓反映了内战中的宗教因素。"圆颅党"最初是指剃着短发的清教徒，而"骑士党"原指西班牙绅士，亦暗示英国宫廷有同情天主教的嫌疑。1638 年，威尼斯大使发现，"清教徒是宫廷公开的敌人"[1]。的确，从内战前夕清教徒对宫廷的种种

---

[1]　Quoted in Ribeiro. *Fashion and fiction*. p.188.

批评，可以看出清教不仅仅是一个宗教派别，更是一鼓反王权的政治势力。到内战期间，在克伦威尔的领导下，清教徒甚至成为一支重要的军事力量。而内战前夕，英国的正统宗教派别是国教安立甘宗。他们坚决拥护国王的神圣权力，承认国王既是国家的最高首领，又是宗教的最高首领。另外还有一些天主教残余，将唯一的希望寄托在查理一世身上。如此一来，英国内战存在两个大的宗教政治派别。那些希望废除主教制度和烦琐仪式的人，或希望改革礼拜仪式和祈祷书的人，无疑都应归入议会党。而那些支持主教制度和国教的人，甚至同情君主的天主教徒，都应归入王党一派。

那么，是否内战时期的两个派别，在着装上果真如此泾渭分明呢？是否真的可以从人们的着装看出其政治和宗教倾向？从当时的肖像画和小册子看来，双方的着装界线并不是如此明显。并非所有议会党人都穿得简朴，也并非所有王党人士都穿得华丽花哨。相反，在社会动乱和危机四伏的情况下，人们的着装也是相当混乱的。1642 年，约翰·泰勒（John Taylor）的政论性小册子，封面上是一个相当滑稽的人画像。这个人的衣服全部穿反了，他将裤子穿在胳膊上，将外套穿在下半身，将长筒靴子穿在手臂上，将马刺握在手里，手套则戴在脚上（见图 22）。当然，Taylor 运用的是一种夸张而讽刺的手法，表现当时人着装的混乱。

相对来说，肖像画比较写实。因为画家的声誉好坏，很大的程度上取决于他能否捕捉到服饰的细枝末节。议会党内部着装风格迥异，既有简单朴素亦有华丽漂亮的。似乎朴素庄重与否，不能体现政治宗教信仰的差别，而更多是体现财富的多少和地位的高低。在议会党一些领袖及其妻子的肖像画中，可以看到他们和其反对者一样，穿着昂贵的天鹅绒，并且有许多蕾丝花边。[1] 当然，议会党中也有穿得相当朴素而庄重的人。阿瑟·古德温（Arthur Goodwin）是一个坚定的议会党人，反对查理一世。他穿着一件黄褐色的缎子上衣，配一副普通的亚麻布衣领，裤子和披风都是褐色呢绒的。[2]

即使战争结束之后，议会党人的着装仍然存在着比较大的差异。1650 年，西班牙大使在下议院看到，议会党领袖克洛内尔·哈钦森（Colonel Hutchinson）留着齐肩的长发，穿的衣服虽然质地较好，但相当庄重。而他的同僚清教徒詹妮拉尔·哈里森（General Harrison），穿得鲜艳至极。"一件鲜红的外套，披风上有金银蕾丝。他的衣服上饰有如此多的金属，以至于很难识别是用什么布料制作而成。"[3]

当时人不但很难通过穿着打扮来识别一个人所属的政治和宗教派别，而且在实际的战争过程中，"双方士兵的服饰看起来差别不大，所说的语言又相似，使得寻找战斗目标相当困难。"[4] 内战期间，卷入战争的人口比例比 20 世纪两次世界大战时还要大。约翰·奥葛兰德（John Oglander）爵士在《1642 年的英国》一书中，提到英国内战相当残酷，"兄弟自相残杀，堂表兄弟也可能在战场上相遇，朋友亦兵戎相见"[5]。的确，在参加内战的队伍中，并非王党都是社会精英，议会党这一方都是普通民众。"战争把各个等级的人们都分成了两派，以至于双方士兵的构成非常

[1]　Ashelford. *The art of dress*. p.73.

[2]　Ribeiro. *Fashion and fiction*. p.189.

[3]　Ashelford. *The art of dress*. p.73.

[4]　Taylor Downing and Maggie Millman. *Civil War*. London: Collins and Brown, 1991, p.83.

[5]　Quoted in Ribeiro. *Fashion and fiction*. p.191.

相似。"[1]

在战争初期，双方士兵穿的制服，都是由中间阶层人士日常穿的服装稍加改造而成，即在外面套一件黄色的无袖短外衣。为了加以区分，王党的士兵都披着一条红色肩带，而议会党披着的是橙色肩带。若没有这些肩带，士兵很难辨认对方究竟是敌是友。在具体战役中，还会有一些额外的标记。如在 1644 年马其顿荒原战役中，议会党的标记是帽子外系上白色的小方巾。托马斯·费尔法克斯（Thomas Fairfax）在战败后，发现自己被往王党军队团团包围，急中生智，将白色小方巾取下。最终，他顺利地逃离了战区，回到克伦威尔的队伍中。[2]

双方制服的极度相似，使士兵在战斗时难分敌我，大大影响了战斗力。1645 年，克伦威尔改组"新模范军"，将大批约曼和手工业者吸收到军队，并进行统一的专业训练，为每个士兵分发赤褐色的制服。这种赤褐色制服是由非常结实的、略带灰色或微红的褐色毛呢制成，暗喻着简朴。克伦威尔知道他是为了什么而战斗，也热爱他所战斗的一切，而这是王党方面远远不及的。

内战期间，无论是政治宗教派别的领袖，还是从事实际战斗的士兵，其着装并不像传统服饰史家认为的那样差异很大，反而有着很大的相似性。当然，这不代表清教徒对英国宫廷乃至整个民族的奢侈着装，进行的一系列批判毫无影响力。至少克伦威尔本人是坚定的清教徒，其着装的简朴堪称典范。他改组的"新模范军"，能如此迅速地取得胜利，与其吸收众多简朴自律的清教徒不无关系，亦与其改革士兵的制服密不可分。

---

[1] D. Smith. *A History of the Modern British Isles,1603-1707*. Oxford: Wiley Blackwell,1998, p.129.

[2] Clinch. *English Costume.* p.215.

第三节　服饰与查理二世复辟

一、正式服饰重塑王权

1651 年 9 月，查理二世化装逃离英格兰，之后流亡于欧洲大陆各宫廷。直到 1660 年 5 月，才被请回英格兰，登上王位。查理在流亡期间，着装相当朴素，根本无法维持王子的体面。他回忆起当初逃亡的情景，竟让佩皮斯难过得流泪。"他逃亡之时没有马车，只能靠步行。穿着一件绿色的外套，一条乡下人经常穿的裤子。一双乡下人穿的鞋子，把他的脚挤得酸痛，以至于寸步难行。道路满是泥泞，每走一步溅起来的泥弄脏了大半截裤子。"[1] 直到 1660 年 5 月 16 日，查理快要回国的时候，还是穿得非常朴素。据佩皮斯猜测，他和他的随从穿的衣服，最贵的也不会超过 40 先令。[2]

流亡期间的辛酸经历以及重整旗鼓建立强大王权的愿望，使查理二世希望在重回伦敦和加冕礼时，都穿上最奢华、最时髦的服饰。1660 年 5 月 29 日，查理穿着最时尚的法国式服饰进入伦敦城。此时伦敦居民已经习惯了相对简单朴素的服饰，很久没见过如此盛大仪式上的奢华服饰了。据当时一个匿名小册子记录，"不但有大群市民在街道两边观看，而且街边窗户都挤满了围观者"。[3] 无疑，查理二世进入伦敦时的穿着打扮相当耀眼。他为加冕礼准备的服饰更加昂贵，五套服饰最初由他的法国设计师克劳德·索库（Claude Sorceau）在巴黎制作，后来由伦敦的成衣匠约翰·艾伦（John

---

[1]　The Diary of Samuel Pepys, 23 May 1660, vol.1, p.155.

[2]　The Diary of Samuel Pepys,16 May 1660, vol.1, p.143.

[3]　Anon. England's joy for London's loyalty. London, 1664, p.1. (http://eebo.chadwyck. com）

Allen）和威廉·沃茨（William Watts）完工，共花费了 2271 英镑 19 先令 10 便士。[1]

为了重塑尊贵威严的宫廷形象，查理二世首先恢复的是嘉德骑士制度。他认为要修复臣民对国王的爱戴和顺从，必须恢复宫廷内的盛大仪式，使一些象征强大王权的人官复原职。查理授予 24 位亲近的官员以嘉德骑士称号，并专门为他们制作服饰，以保留 16 世纪嘉德骑士的特征。"穿上圆鼓鼓的半截裤，而裤子和长筒袜的质地都是昂贵的银丝绒。长袍是用至少 15 码的蓝色天鹅绒制成，披风则由白色塔夫丝绸制成，另加一件深红色的天鹅绒外套"。[2] 这些衣服都是由王家衣橱总管提供，而珠宝房提供领环。领环由黄金结间隔的红色和白色搪瓷玫瑰组成，不允许出售，抵押或赠送。事实上，这些服饰最终都没有归还王家衣橱，而是在嘉德骑士去世后，由其后代保存。

查理二世对英国宫廷内朝臣着装的重视，与他的流亡经历密切相关。他被当时最为富丽堂皇的法国宫廷所深深吸引和触动，回国之后特许伦敦的两家剧院上演法国的宫廷剧，重温法国宫廷的辉煌。查理在着装上模仿法国宫廷，将裙裤和假发引入英国宫廷。裙裤相当宽大，下摆饰有很多缎带。佩皮斯在日记中提到他的一个朋友，"汤森德先生将他的双腿穿在同一个裤管内，却一整天都浑然不觉。"[3] 裙裤下摆的缎带如此之多，以至于伊夫林在他的书中嘲讽道，"现在男人们穿的裤子饰有很多缎带，抢劫六家小店或 20 个乡村小商贩也不过得到如此多而已"。[4]

[1] Ashelford. *The art of dress.* p.88.

[2] Elias Ashmole. *The institution, laws & ceremonies of the most noble Order of the Garter.* London, 1672, p.68. (http://eebo.chadwyck.com）

[3] The Diary of Samuel Pepys, 6 April, 1661, vol.2, p.66.

[4] Quoted in Ribeiro, Fashion and fiction, p.224.

图 23　复辟时期假发的式样
图片来源: Breward, The culture of
fashion, p.116.

假发是查理二世从法国宫廷引进的另一种时尚服饰。假发的款式繁多,在英国宫廷大致经历了三个阶段的演变(见图 23)。第一种款式是大量的不规则卷曲头发垂肩,持续到 1675 年。第二种是将整个头发平均分成几缕,各缕都是有规则的小卷。到了 1685 年假发不再是平的,而是与妇女的头饰相类似,高而尖,上面饰有许多漂亮的小饰品。[1] 在整个复辟时期,假发是时尚男性衣橱中必不可少的饰品。很多人甚至在剧院、咖啡馆等公共场所,夸耀性地梳理自己的假发。

假发相当昂贵,能体现穿戴者的财富和社会地位。1667 年佩皮斯为购买两顶假发,花了 4 英镑 10 先令。[2] 假发的价格随着款式的不断繁复而节节攀升,当时伦敦街头最常见的一种犯罪活动是偷盗假发。约翰·盖伊(John Gay)在他的短诗中友善地提醒初来乍到的外地游客,走在伦敦街头应该注意自己的假发。"戴假发是不安全的 / 在小偷的肩膀上,有一只篮子 / 篮子里潜伏着一个小孩 / 他随时会将手伸出 / 摘下你满头的假发"[3]。

---

[1]　Ashelford. *The art of dress.* p.94.

[2]　The Diary of Samuel Pepys ,29 March, 1667, vol.8, p.136.

[3]　John Gay. *Trivia: or the art of walking the streets of London.* The third edition, London, 1730, p.12.（http://galenet.galegroup.com/servlet/ECCO）

复辟时期，许多富裕的贵族直接去巴黎选购时装，而查理二世本人在巴黎有一位御用成衣匠，即克劳德·索库，那位为他设计加冕礼服的人。就在伦敦本地，有几个法国成衣匠，也有专卖法国时装和饰品的商店。用伊夫林的话说，"在伦敦到处充斥着法国的时装和饰品，若没有这些项链、衣领、扇子、衬裙等漂亮服饰，似乎天都要塌下来了，地球也会停止转动。"[1]1683年出版的《英国式虚荣》一书中，称"英国男人佩的剑、穿的长袍、戴的假发、穿的靴子和裤子，英国女人们穿的衬裙、鞋子、风帽和蕾丝都是法国式的，我们的服饰都是法国成衣匠制成的。"[2]

　　查理二世如此热衷于模仿法国宫廷，是因为当时路易十四在法国建立起强大的王权。法国经过一系列改革，比欧洲任何一国都要富有。路易十四本人对时装充满着浓厚的兴趣，他的穿着打扮一直是法国贵族甚至整个欧洲贵族的模仿典范。查理二世以为，在经历了内战洗礼的英格兰，若要重塑强大的王权，王室和朝臣在穿着打扮上显示富足和时髦是必不可少的。因此，他不但在自己的着装上颇费心思，不惜耗费大量金钱在加冕礼等重要场合上，而且效法亨利八世，重建嘉德骑士制度。骑士的特殊着装，有利于唤起人们对都铎黄金时代的回忆，增强他们对国王的信心。然而，君主制毕竟被推翻过，国王不再像都铎君主那样神圣，甚至国王都可能被推上断头台。查理二世重塑强大王权的努力是失败的，奢华的宫廷服饰反而招致臣民的反感和道德学家们的激励批评。

　　首先，人们痛恨宫廷服饰的女性气质。复辟时期，妇女开始

---

[1] John Evelyn. *Tyrannus, or, The mode in a discourse of sumptuary lawes.* London, 1661, p.6. (http://eebo.chadwyck.com

[2] Compassionate conformist. *Englands vanity or The Voice of God against the monstrous sin of pride, in dress and apparel.* London, 1683, p.128. (http://eebo.chadwyck.com）

出现在戏剧舞台上，表明当时人已不能容忍男扮女装的行为，甚至看不惯男人穿得像女人那般阴柔。牛津一名古董商人安东尼·伍德（Anthony Wood），在 1665 年进入宫廷，亲眼看到宫廷内贵族的着装。

> 他们的服饰太鲜艳，看起来像粗俗不堪的嫖客。他们爱慕虚荣，高傲自大，空虚无聊……这是一个阴阳怪气的时代，男人努力模仿女人着装，戴着长长的假发，在脸上扑粉化妆，穿着如同裙子一般的肥腿裤。[1]

其次，宫廷一味模仿法国，进口大量法国奢侈品，不但不利于英国本土毛纺织业的发展，也使英国宫廷丧失了自身的特色。与佩皮斯对法国时装的追捧不同，伊夫林持谨慎和批判的态度。为了劝说国王减少进口法国奢侈服饰，保护英国本土工业的发展，伊夫林主张重新颁布抑奢法，对社会各阶层人们的着装进行严格的管制。甚至憧憬"在不久的将来，全世界的人们都模仿我们尊贵的王子着装"。[2]伊夫林的小册子对查理二世产生了一定的影响。佩皮斯在 1665 年 10 月的日记中写道，"国王和他的宫廷最终决定减少在服饰方面的开支，因为这关系到英国本土经济的发展。若王室变得节俭，将会赢得人们的爱戴"。[3]

因此，查理二世在王室服饰奢与俭的问题上是矛盾的。当时人在大肆批评查理二世效仿法国宫廷，大量进口奢侈服饰的同时，亦有人认为他私底下是一个俭朴的人。伊夫林认为查理二世"为英国

---

[1] Ashelford. *The art of dress*. p.91.

[2] Evelyn. *Tyrannus, or, The mode in a discourse of sumptuary lawes*. p. 12.

[3] The Diary of Samuel Pepys, 28 October 1665, vol.6, p.281.

人带来了一种更文明的生活方
式，超越了奢侈和不可忍受的
浪费"。[1]伊夫林的评论是有道
理的，查理二世在效仿法国宫
廷的同时，的确对英国男装进
行了具有深远意义的改造，即
引进长背心。

图 24　塞缪尔·佩皮斯（1666 年）
图 片 来 源：Ashelford, The art of
dress, p. 102.

二、非正式服饰进入宫廷

在近代服饰史上，很少有
记录某款服饰开始流行的具体
日期，而长背心的流行，则留
下了详细的记载。1666 年 10 月
13 日，当国王的弟弟詹姆士试
穿新时装时，佩皮斯在场。两天后，查理二世首次公开穿上长背心
（见图 24）。据佩皮斯记录，这种新服饰的款式是这样的：

一件贴身的长衣，用黑色的呢绒制成，通过切口可以看到里层的
白色丝绸。这种背心没有衣领，腰部束着一根腰带。一般穿在里面，
再套一件外套。在齐膝盖的小腿上缠满黑色的缎带，很像鸽子的腿。[2]

自国王穿上这款长背心起，伦敦的贵族们争相模仿，伦敦的成
衣匠需夜以继日的缝制。两天之后，国王召集贵族们至宫廷，发现
所有人都穿上了长背心，唯有奥尔本斯（Albans）大人没有穿黑白

---

[1]　Quoted in Ribeiro, Fashion and fiction, p.223.
[2]　The Diary of Samuel Pepys, 15 October 1666, vol.7, p.324.

相间的背心。他穿的是一件普通的黑色背心，因为他听到国王说黑白相间让人看起来像喜鹊，于是定制了一件纯黑色的背心。[1] 佩皮斯非常喜欢这种新式服装，迫不及待地到成衣匠那里定制。11 月初就收到了做好的背心和外套。

伊夫林以劝说国王为己任，在他1661年递交给查理的小册子中，便提到了"我们不应受易变的法国时装影响太深……而应学习波斯人文雅而实用的装扮"。[2] 五年后，当他注意到国王果然穿上了波斯风格的长背心时，在日记中兴奋地写道：

> 这是国王第一次脱下了紧身上衣、坚硬的衣领和外套，郑重地穿上东方式背心。穿上这件英俊的背心，跟随着波斯风，用上了腰带……国王决意放弃法国时装，而时装耗费了我们太多的钱财，也招致了太多的谴责。[3]

查理二世选择东方式的长背心，是一种大胆的成功尝试。这种背心为英国宫廷服饰注入了新鲜血液，不再唯法国宫廷马首是瞻。齐膝的无袖外袍，长背心以及裤子，经过几番改造修饰，最终演变成现今男士的三件套，即外套，背心和长裤。据佩皮斯观察，法王路易十四对查理二世宫廷内的长背心非常好奇，命令他的男仆模仿这种打扮。

背心的引入，为英国男士的着装提供了一种新的选择。他们不一定要穿短小的紧身上衣，如同裙子的宽大裤子和披风。可以穿长及膝盖的背心和宽松外套，加上一条窄窄的裤子。相比起来，后者

[1]　The Diary of Samuel Pepys, 17 October 1666, vol.7, p.328.

[2]　Evelyn, Tyrannus, or, The mode in a discourse of sumptuary lawes, p.6.

[3]　Ashelford, *The art of dress*, p.92.

更为简单、实用和舒适。当然，这种简单的服饰与宫廷中一些盛大仪式不相符合。在 70 年代，一度被禁止出现在宫廷，三件套很快成为男士日常生活中的装扮。与法国贵族必须长期居住在凡尔赛宫，每天都穿节日的盛装不同，英国贵族的日常服饰与正式服饰有着很大的差别。到 18 世纪早期，英国男士在日常生活中着装的简约，让外国游客惊讶不已。"英国男士穿得相当简朴，他们几乎不在衣服上镶嵌黄金饰品。外套既不镶边，也不打褶……富裕的商人和乡绅是这样穿的，有时甚至贵族也穿得这样简单大方。"[1] 乡绅们日常穿的简单服饰，一般是由当地的成衣匠制作，只有参加宫廷仪式的正式服饰需要到伦敦购买。

复辟时期非正式服饰在社会上层人士中流行，当时有人穿着睡袍出现在肖像画中。1666 年 3 月 30 日，佩皮斯穿着一件印度长袍，来到约翰·黑尔斯（John Hales）的工作室。"我穿着这件印度长袍，让黑尔斯帮我画肖像画。一直坐到黄昏，他才画好。我必须承认这是我画得最棒的一张肖像画。"[2] 佩皮斯强烈意识到，穿上一件丝绸或棉布的印度长袍，可以向众人显示他有礼貌，有教养，而且过的是一种悠闲生活（见图 24）。

复辟时期是新旧着装风格冲突最为激烈的时期。经历了内战和共和国时期的民众，已经不习惯宫廷的奢华着装。就连查理二世本人，在效仿法国宫廷、试图通过华美服饰重塑王权的同时，也受到波斯、印度等东方服饰的影响，在宫廷内穿上了非正式的、简单实用的服饰。不论查理二世是主动学习和改造东方服饰，引领新式背心的风潮，还是在民众对宫廷服饰的严厉批评下，被迫接受非正式的实用服饰，

---

[1]　Cesar de Saussure, *A foreign view of England in the reigns of George I and George II* , *translated and edited by Madame Van Muyden, 1902,* pp.112-113.（http://www.archive.org）

[2]　The Diary of Samuel Pepys, 30 March 1666, vol.7, p.85.

其结果都是一样的。英国的服饰从此不再盲目跟随欧洲大陆强大专制国家的时尚，开始有了自身的特色，其简约风格后来影响着整个欧洲大陆。

第四节　服饰与君主立宪制的建立

一、"光荣革命"后宫廷服饰的黯淡

关于 1688 年的"光荣革命"，史学界存在着许多争议。传统的辉格派史学家认为它是宗教宽容和法律至上原则的胜利，是一场"仁慈的宪政改革"。而修正主义史学家认为，"光荣革命"只不过是一场宫廷政变，一种寡头政治代替了另一种寡头政治。不过史学家们至少达成了这样一种共识，即"光荣革命"有利于形成一种"法律面前人人平等"的信念，亦促进了宗教宽容，建立了一种介于绝对君主制和共和政体之间的新制度。而《权利法案》大大限制了国王个人的立法权和财权，扩大了议会的权力。

国王权力的萎缩，在宫廷服饰上明显地表现出来。1691 年，英国史学家盖伊·米吉（Guy Miege）这样写道："呢绒是一种人们普遍穿着的布料，几乎所有人都穿呢绒。现在宫廷内服饰朴素文雅，谦虚内敛，让人觉得之前的英国人那般模仿外国人的着装，是相当愚蠢的"[1]。

不仅英国的宫廷观察者注意到贵族着装的变化，而且来到英国的外国游客也对此表示惊讶不已。苏格兰人约翰·麦奇（John Macky）自 1714 年到 1724 年游遍了整个欧洲，认为"英国人的服饰跟法国人有类似之处，但不像法国服饰那样华丽，他们大多

---

[1] Guy Miege, *The new state of England under Their Majesties K. William and Q. Mary*, *London,1691*, Part Ⅱ, p.38. (http://eebo.chadwyck.com)

数很朴素……只在一些隆重的日子才穿上饰有蕾丝花边的衣服，而不像法国人，日常生活中也在衣服上做各种修饰"[1]。

当然，也有游客观察更加细致，发现英国人的着装风格不仅仅是简单朴素。1730 年一位葡萄牙商人指出，"在穿着打扮上，英国男人普遍穿简单的呢绒和棉毛混纺织物，衣服上很少见昂贵的饰品，但女性竭尽所能地穿得精致而漂亮。"[2]而米吉也认为"宫廷的女人们，大多是通过一个漂亮的外表体现其价值，不可能追赶上这股节俭风潮，节制自己的着装"[3]。

的确，女性的服饰在"光荣革命"之后变化很小。就连复辟时期批评王室服饰太过奢华的人，也只认为男性的服饰不该那般奢华。著名服饰批评家伊夫林坦陈，"我强烈谴责男性着装烦琐而复杂，但我并没有惹怒本该亮丽的女性。"[4]可见，当时人认为，女性的服饰应该色彩鲜艳，款式繁杂，质地精良，而男性则不宜穿得太鲜艳，宛如花花公子。

威廉和玛丽是受邀来接替詹姆士二世的王位，也就是说，他们取得王位是依靠议会中辉格派和托利派的政治力量。威廉三世本是荷兰的国王，答应入主英格兰，既是为他的妻子玛丽夺得王位继承权，更是为了防止英国与法国结盟共同反对荷兰。因此，他来到英国后，不像英国本土君主那样，试图加强国王的权力。他既不在宫廷内穿华丽的服饰，也不关心宫廷内各种各样的仪式，着装也比较普通（见图 25）。实际上，"光荣革命"后，主要是

[1]   John Macky, *A Journey through England, London,* 1722, vol.2, p.238.（http://galenet. galegroup.com/servlet/ECCO）

[2]   "The voyage of Don Manoel Gonzales", in Awnsham Churchill, A collection of voyages and travels, London, 1745,vol.1,p.188.（http://galenet.galegroup.com/servlet/ECCO）

[3]   Miege, *The new state of England under Their Majesties K. William and Q. Mary*, p.39.

[4]   Evelyn, Tyrannus, or, The mode in a discourse of sumptuary lawes, p.13.

图 25　威廉三世
图片来源：Ribeiro, Fashion and fiction, p. 287

图 26　安妮女王
图片来源：Ribeiro, Fashion and fiction, p. 294

玛丽履行着国王的职责。玛丽深知其继承权的获得，是依靠议会的力量，其权力来源于议会。议会废黜其父詹姆士二世，更使她认识到重塑王室威严之艰难。她只是在自己和威廉生日当天，要求宫廷内所有人穿上华丽的服饰。王室的沉寂被玛丽和威廉的先后去世打破，前者 1694 年 12 月死于天花，后者 1702 年 3 月因骑马受重伤致死。

继任者安妮女王，对其作为君主的责任，有着强烈的意识。虽然她的身材偏胖，有些近视，行动起来有失优雅，但她竭尽所能表现王室的尊贵（见图 26）。"王室着装不可小觑，就像宫殿、宫廷的音乐、绘画以及剧院一样，华丽的服饰凸显国王的重要性。"[1] 安妮女王喜欢时装及独特的首饰，伊夫林在 1704 年看到她珠光宝气地坐着四轮大马车，前往圣保罗大教堂参加一个感恩仪式。[2]

[1]　Ribeiro, Fashion and fiction, p.294.

[2]　Ribeiro, Fashion and fiction, p.294.

安妮女王不仅依靠奢华服饰塑造王权，而且像她的父亲詹姆士一样，酷爱宫廷仪式。只是宫廷内的仪式总是带来党派偏见和不快，因为她太依赖玛尔博拉夫（Marlborough）公爵夫人，使得宫廷内派系斗争激烈。再加上辉格党和托利党的斗争，不断吸引着人们的眼球，宫廷内的仪式越来越让人觉得冗长乏味。亚历山大·波普（Alexander Pope）在他的长诗中，对宫廷进行了辛辣的讽刺。

在闲谈中，本该用于增长知识的时间流逝 / 第一个人说起英国女王的荣耀 / 第二个人说起印度屏风的迷人 / 第三个人在用手势来解说 / 言语之中，名誉尽毁 / 当闲聊停顿下来，鼻烟和扇子占据了空间 / 再加上唱歌，欢笑，媚眼等，构成了宫廷的愉悦。[1]

安妮女王虽然竭力维持宫廷内的仪式，但是她在位期间，几个孩子先后因病死去，她有很大部分时间是在着黑守丧。其中乔治王子1708年11月死去，安妮女王守丧至1710年12月。1710年夏季，一名德国的游客注意到，圣詹姆斯宫依然是以黑色为主色调，甚至宫殿外的台阶都铺着黑色的法兰绒。[2]在安妮女王生命的最后几年，她远离宫廷仪式，就像一个半世纪后的维多利亚女王一样。安妮女王竭力向她的臣民展示宫廷，但显然是徒劳的。她穿戴得再华丽，举行的宫廷仪式再盛大，都很难引起臣民的注意，反而招来讥讽与嘲笑。实际掌握权力的贵族们，也不得不重新思考其公众形象。

[1]　Alexander Pope, *The rape of the lock. An heroi-comical poem, Preston, 1714*, p.20.（http://galenet.galegroup.com/servlet/ECCO）

[2]　Ribeiro, Fashion and fiction, p.295.

二、贵族男装的简约与议会统治的巩固

在"光荣革命"后，英国逐渐确立了君主立宪制度，建立了共和国，形成了与欧洲大陆国家迥异的政治文化。在这一特殊的政治文化中，腐败、无政府、阴柔、专制和奢侈都是政治恶德。奢侈不但使英格兰贫穷，更使其丧失了刚毅的男子气概，充满女性的阴柔之气。1721 年，主教乔治·伯克利（George Berkeley）向政府建言，"在共和政体下，形成一种独特的行为习惯，是不会错的……投机和奢侈会使勇敢的人们变得沮丧"[1]。贵族穿上简单朴素的服饰，有利于养成共和政体下独特的生活习惯。这样既能摈弃王室的华丽与阴柔之气，又远离暴发户的奢侈与浪费之风，促进共和国的公共福利。

"奢侈和女人气"是托利党、辉格党和詹姆士二世的拥护者们互相攻击政敌的有力武器。他们将男子气的简朴与高尚的政治和道德追求等同起来，控告政敌鼓励奢侈和阴柔之风，导致政治腐败。于是，在英国的政治话语中，男子气的简朴与英国式的自由有着密切的联系，即自我克制与爱国主义是分不开的。1745 年，纳撒尼尔·兰卡斯特（Nathaniel Lancaster）对詹姆士二世拥护者的叛乱如此说道：

有什么比恶德更不利于公共福利？又有什么恶德比得上奢侈？……我们并不以顺从专制的上帝而羞耻，但让我们觉得最卑劣的是受奢侈品的奴役，因为那会使我们变得柔弱而无男子气概……我们可以毫不脸红地在进口奢侈品上浪费大量钱财，甚至通过战争获得许多充满阴柔之气的精美物品。但即使在和平时期，我们穿上

---

[1] George Berkeley, *An essay towards preventing the ruin of Great Britain, London, 1721*,p.11.（http://galenet.galegroup.com/servlet/ECCO）

这些奢侈服饰，也会显得很不协调，因为这与我们的天赋、气候都不适应，只会伤了爱国者的心。[1]

贵族上层对简单服饰的热衷，除了受"光荣革命"后特殊政治文化的影响之外，也与他们的经济、军事霸权地位丧失，需要重新树立其文化霸权有关。18世纪，英国纺织品生产和海外贸易都获得了迅猛发展，富裕的中间阶层更容易购买到时尚的服饰。政治和社会领袖已不再是时尚界的领袖，社会地位和消费水平之间不再是一一对应的关系，这让精英阶层颇为担忧。因此拒绝物质享受，不穿充满阴柔之气的时尚服饰，被视为真正的绅士与暴发户的显著区别。

追求时尚意味着从众、随大流和缺乏判断力。18世纪有人为贵族寡头政治辩护道："时尚的人们偏爱这种愚蠢的消费行为，没有形成自己的兴趣……如果一个民族的财富过于分散，那么这个民族很容易因普遍追求奢侈的生活而变得虚弱，与古罗马的命运差不多"[2]。在贵族的政治意识里，共和国最大的威胁就是普遍的富有，因为这可能会导致普遍的奢侈、衰弱、阴柔和专制。为了共和国的福利，政治精英必须改变奢侈浪费的习惯，为整个民族树立道德榜样。

正如汤普森所言，18世纪英国的统治阶级主要依靠的是文

---

[1] Nathaniel Lancaster, *Public virtue or the love of our country, London,1746,p.25.* （http:// galenet.galegroup.com/servlet/ECCO）

[2] William Smith. *An address to the associated friends of the people. Edinburgh, 1792.* p.29-30. （http://galenet.galegroup.com/servlet/ECCO）1776年吉本的《罗马帝国衰亡史》出版后，人们普遍认为罗马的灭亡，是因为丧失了共和国时期的"男子气荣耀"，帝国时期整个罗马充满"阴柔和腐化堕落之气"。

化上的霸权进行统治，其次才是经济和军事霸权。[1] 因此，贵族政体的辩护者将贵族的道德典范作用看得异常重要，认为这是保证贵族统治合法性的主要依据。保守主义者约翰·廷尼（John Tinney）指出，这种道德典范性，既不会陷入激进的雅各宾主义，疯狂地迷恋外国时尚，也不会像王室那样，奢侈、淫荡、虚弱而阴柔。[2] 即使是早期的改革者，詹姆斯·伯（James Burgh）也建议英国的政治精英们，将文化的优越性和政治实力一同作为政治统治的依靠力量。

　　我尊敬的大人们，现在唯一的需要改革的就是树立你们的典范形象和影响力。唯有如此，领导地位才不会动摇。让那些乡绅继续待在乡下，依靠他们的收入过着他们体面的生活，看他们这种不虔诚和挥霍无度的生活能维持多久。[3]

　　在一个贵族领导的政体里，不仅仅是立法的权力，还有上层社会的典范，将人们联系在一起。正如保守主义者约翰·鲍尔斯（John Bowles）所言，"抑制奢侈和浪费能使英国人有序、温顺、易统治，若为人们内心播下一颗拒绝奢侈品的种子，我们无须依靠太多外在的法律来约束了。"[4] 因此，贵族领导地位的合法性来源于其对时尚世界漠不关心的男子气概，反过来，贵族政体有

---

[1]　爱德华·汤普森著. 沈汉，王加丰译. 共有的习惯. 上海：上海人民出版社，2002. 39 页.

[2]　John Pern Tinney. *The rights of sovereignty vindicated. London*，1809, p.44.（http://www.archive.org）

[3]　James Burgh. *Britain's Remembrancer*. London, 1746, p.43. （http://galenet.galegroup.com/servlet/ECCO）

[4]　John Bowles. *Thoughts on the Late General Election*. London, 1802. p.33. （http://www.archive.org）

利于形成和维持整个英格兰的刚毅之气。"有许多因素会影响到国民的性情，但其中最重要的一条应该是宪政以及政府的组成。英国人从自由的宪政中，获得了力量和男子气概"[5]。

将节制的男子气概与政治合法性联系起来，贵族男子指出参与政治的必备气质，即有男子气概，远离奢侈品。像许多同时代的作者那样，杰里米（Jeremy）在其政论作品中，将妇女排除在参政者之外。"尽管有些妇女爱好非常广泛，能力也很强，但她们无处展示，讲坛、使馆都向她们紧闭……所以她们将注意力转移到自身，整天寻思如何穿着打扮，借此自娱自乐。"[6] 被阻拦在政治讨论的大门外，贵族妇女通过维护消费特权来展现社会地位，她们依然引领时尚的潮流。在女性世界中，财富依然与社会地位对应，消费依然是夸耀性的。

贵族妇女被排除在政府机构之外，与"光荣革命"后新的政治文化密不可分。即把政治统治的合法性与男子气的远离奢侈品等同起来，而女性被自然地与奢侈品等同起来。显然，这两个"等同"为女性参与政治设置了巨大的障碍，早期的女权主义者不得不既将女性与时尚的关系非自然化，又得去除道德领域中的性别指向。

在 18 世纪英国的政治文化中，消费思想体系将男性和女性分离开来，也将政治世界与时尚世界分离开来，而这正是宫廷和国王逐渐丧失其时尚世界领导地位的时代。拥有大量土地的贵族拒绝受奢侈服饰阴柔之气的影响，树立起节俭朴素的典范形象。这

[5]　John Bowles. *Dialogues on the rights of Britons, between a Farmer, a sailor and a manufacturer.* London, 1792. p.20. （http://galenet.galegroup.com/servlet/ECCO）

[6]　Jeremy Collier. *Essays upon moral subjects.* London, 1697. pp.74-75. (http://eebo. chadwyck.com）

种形象与人的恶德相对立，有利于公共福利。正是这种维护和促进公共福利的意识，使他们愿意抛弃奢侈服饰。因此，18世纪早期，英国贵族远离奢侈服饰，是对"光荣革命"后英国出现的新政治文化的政治反应，有利于巩固君主立宪制度。

服饰是政治变革的风向标，宫廷服饰的变化展现了英国王权兴衰的过程。都铎时期王权日渐强大，宫廷服饰极尽奢华。到早期斯图亚特时期，国王以破坏"王在法下"的传统原则为代价，权力大大增强。与此同时，英国的政治危机加深，宫廷服饰只能保持低调的奢华。英国内战将查理一世送上断头台，王权受到重创。查理二世复辟后试图模仿法国宫廷，引起了道德学家和普通民众的不满。查理二世重建强大王权的努力归于失败，复辟时期宫廷服饰处在奢华与简约的冲突之中。"光荣革命"后，国王的权力受到更多限制，宫廷服饰随之变得黯淡无光。

服饰既反映王权的兴衰，又反过来影响英国社会的政治变革。都铎君主干预王室成员和政府官员的着装，赋予效忠国王的臣民一些着装特权，以加强王权。内战前夕，清教徒对宫廷服饰进行激烈的批判，为反王权情绪的形成制造舆论。内战期间，"新模范军"的实用军服，使战争双方着装差异明显，加速了战争的胜利。道德学家对法国宫廷服饰的批判，使查理二世无法通过奢华服饰重塑王权。"光荣革命"后，议会掌握了实际政治权力。议会成员为确立其统治地位，摒弃王室以奢华服饰塑造王权的传统，穿上简单大方的服饰，树立起新的道德形象。于是，英国宪政自然地与着装自由、舒适、简约联系起来，英国服饰形成了有别于欧洲大陆的民族特色。从这个意义上讲，服饰有利于英国君主立宪制的巩固。

在近代早期，贵族阶层是政治变革的主导力量。因此，他们着装的变化最能体现政治领域的变革。贵族人数虽少，却高居于土地阶层之首，还经营矿山、投资海外贸易，他们占有的财富足以维持奢侈的生活。包括国王在内的贵族阶层，可以根据政治统治的需要，选择奢华或简约的服饰。而社会中下层人们受财产的限制，其服饰的变化更依赖于社会经济的发展。经济的发展不但为他们提供更多就业机会以增加收入，而且直接影响服饰的质地、颜色和价格。

第 *3* 章
服饰与英国社会经济的发展

除食物之外，人们日常生活中最基本的物质资料是服饰。因此，服饰的变化与社会经济的发展息息相关。纺织业的发展，直接导致服饰质地和颜色的变化。16、17 世纪乡村毛纺织业生产的新毛呢取代旧毛呢，应用飞梭和多轴纺纱机的棉纺织业在 18 世纪迅速崛起，使英国人的服饰变得柔软舒适、色彩丰富。17 世纪下半叶到 18 世纪，手工工场取代行会，在服装制作中占据主导地位。女成衣工通过细致的分工合作，生产出大批款式相同、价格低廉、简单实用的成衣。与此同时，二手服装市场为人们提供了大量价廉物美的旧服饰。

第一节　纺织业与服饰质地的变化

一、毛纺织业的发展

15、16 世纪之交的地理大发现，使东西方贸易的往来日渐频繁。东方的丝织品深受欧洲贵族青睐，意大利、西班牙等国的传统毛纺织品出口量锐减。而英国的毛纺织品自 15 世纪下半叶到 16 世纪中叶，不但能满足国内消费者的需要，而且出口量一直维持增长态势。16世纪上半叶是英国工业出口的第一个黄金时代，绝大部分出口产品是毛纺织品，尤其是传统的厚重宽幅毛呢占据的比例最大。[1] 呢绒主要出口到中欧和东欧国家，这些地区人们的实际收入有所增长，而且受传统的消费习惯影响较深，仍然视厚重毛呢为奢侈品。

英国毛纺织品出口量持续一个半世纪的增长，有着深层次的经济和政治原因。伦敦毛呢商与比利时安特卫普市政府的合作，为英国毛呢的出口提供了一个快捷有效的渠道。16世纪初安特卫普的呢绒生产开始衰落，政府的经济政策转向发展呢绒贸易。伦敦毛呢商不但享有人身自由，而且可以在安特卫普建立对欧洲大陆的贸易总部。从此，安特卫普不但成为沟通伦敦商人和欧洲大陆商人的桥梁，而且在英国梳过的羊毛，可以直接进入安特卫普，然后根据大陆商人的需要，雇用熟练工人进行染色和修剪。[2] 安特卫普大大缩短了英国本土商人和中东欧商人之间的距离，加强了他们之间的交流，双方可以依据市场的变化迅速作出调整。

伦敦商人冒险公司在对欧洲大陆的毛呢贸易中，发挥着积极的推动作用。1564年女王授予冒险公司和安特卫普市政府协商谈判的权利，以获得更多的贸易特权和免税政策。冒险公司有权依据比利时市场供求情况的变化，决定输出毛纺织品的数量。[3] 当市场需求不足时，公司减少毛呢的供应，以免造成供大于求，价格暴跌。相反，当市场需求增大时，公司迅速增加毛呢供应量。在国王的大力支持下，伦敦商人冒险公司为毛呢商提供了实际的

[1]　David Jenkins, ed. *The Cambridge history of western textiles.* New York: Cambridge University Press, 2003. vol. 1, p.411.

[2]　Jenkins, ed. *The Cambridge history of western textiles.* vol.1, p.412.

[3]　Jenkins, ed. *The Cambridge history of western textiles.* vol.1, p.413.

保障，这是欧洲大陆许多生产呢绒的城市无法比拟的。

16 世纪上半叶的毛呢出口贸易，使英国从根本上扭转了出口原材料的局面。在出口产品中，羊毛纺织成品和半成品占绝大多数。然而好景不长，16 世纪中期欧洲大陆市场上又轻又软的新毛呢深受欢迎，使英国传统毛纺织业陷入危机。要保持毛纺织业的优势，必须引进新的生产技术。16 世纪 60 年代后期，低地国家反西班牙专制统治的斗争中，大批佛兰德尔工匠跨过英吉利海峡。他们把精湛的选毛、染色技艺带到英国，改进了当地的生产工艺。[1]随后，在三十年战争期间（1618—1648），大批德国工匠涌入英格兰。路易十四 1685 年撤销"南特赦令"，又使许多优秀法国工匠到英国寻找避难所。[2] 正是这些外邦人带来的新技术，给英国呢绒工业充实了新鲜血液，使之快速发展。尤其是法国难民引入的双股粗纱、细哔叽、斜纹呢等新呢布，虽然含羊毛量不到一半，但质轻价廉，适于制作不同的衣服。外来工匠使英国的新呢绒生产上了一个新台阶，到 17 世纪 50 年代，新毛呢的出口占英国毛纺织品出口量的 40%，1700 年增至 60%。[3]

当然，英国新毛呢的迅速发展，也得益于本土优秀工匠的发明。16 世纪下半叶，欧洲大陆大部分地区的针织袜业取得了很大的进步。1589 年，英国工匠威廉·利（William Lee）因发明一种编织机获得专利。随后，针织袜业迅速扩展到诺丁汉郡、莱斯特郡

---

[1] 伊丽莎白女王颁布法令，欢迎佛兰德尔工匠来英国定居，但每个工匠必须带两个英国籍学徒。据估计，当时大约有三万名佛兰德尔工匠逃往英国。1558 年，2860 名尼德兰人迁入英国，1563 年前后，1.8 万名佛来名人迁入伦敦与桑威奇，1566 年又增至 3 万人。
[2] 1681 年前后，英国政府为安置法国难民拨款 1.4 万英镑，1685—1687 年为 6.37 万英镑，1694 年是 1.18 万英镑。政府为使他们安居乐业，还在伦敦郊区修建 12 所教堂。1670—1690 年间大约有 8 万胡格诺教徒逃往英国，约占伦敦周围居民的 1/3。
[3] Jenkins, ed. *The Cambridge history of western textiles*.vol.1, p.456.

和诺福克郡的城镇和乡村。英国的针织袜业有两个重要的中心，诺福克的诺里奇以羊毛袜著称，而伦敦则以优质丝袜著称。制作这两种袜子，使用的布料都是质轻而软的新毛呢。英国的针织袜业获得如此迅速的增长，以至于 1595 年就有 33500 双袜子出口到法国和低地国家，1619 年增至 267000 双。[1]

二、印度棉布的涌入和政府的管制

17、18 世纪之交印度棉布风行欧洲，给英格兰毛纺织业带来了巨大冲击。事实上，早在 16 世纪初印度和伊比利亚半岛的贸易，就给欧洲王室和贵族带来了新奇的印花棉布。到 17 世纪初，荷兰和英国商人注意到欧洲贵族对这种充满异国情调的布料感到好奇，尤其喜欢印花棉被。1664—1678 年间，英国东印度公司的棉布贸易，占进口总额的 60%—70%。显然，印度棉布并非一进入欧洲市场，就深受大众喜爱。直到 17 世纪末，随着英国人的服饰向柔软舒适型转变，棉布才受到广大民众欢迎。

印度棉布具有其他布料不具备的优点，即易洗易着色。穿上棉布衣服，既较易保持洁净的形象，又有多种颜色供选择。不仅如此，印度棉布的级别划分相当细致，不同级别价格不一，可以满足不同层次消费者的需要。1696 年，一本纺织品购买指南提到：

当时有六十多种布料供人们选择，其中超过一半的布料属于印度棉布。即使是同一种布料，用上不同质地的染料，印上不同的花纹，价格迥异。就平纹细棉布来说，常用来制作头巾和领巾。若采用的染料较便宜，很粗糙地印上一些花纹，通常会出售给普通劳动者。若色彩很明亮且表面光洁，并且印上漂亮的花形图案，会被富裕的

[1] Jenkins, ed. *The Cambridge history of western textiles*. vol.1, p.455.

顾客买走。[1]

印度棉布在英国迅速流行起来，触犯了毛纺织商的利益。他们组织毛纺织工人发起了一系列运动，反对进口亚洲纺织品。1698年到1699年间，议会通过了一项法令，不但禁止从波斯、中国、印度进口丝绸和彩色印花棉布，而且禁止人们穿这类布匹制成的服饰。凡因违法而被扣押的货物，应予没收、拍卖或再输出。[2] 1719—1720年间，反棉布运动再次达到了高潮。以至于穿着棉布衣服的人，在大街上可能会被人撕破衣服。1721年，议会不得不再次通过法令，禁止所有人穿彩色印花棉布。[3] 不过，无论是反棉布运动还是议会立法，都没能抑制英国人消费棉布的热潮。

17世纪下半叶到18世纪上半叶，印度的棉布服饰取代了传统的呢绒服饰，在英格兰服装市场上占据了主导地位。那么，同样是政府立法，为何欧洲大陆许多国家可以长期而有效地管制着人们的着装，而英国政府的管制总是陷入"越管制越流行"的怪圈呢？从根本上讲，这是由英国近代早期特殊的社会经济状况决定的。

随着对外殖民扩张的加剧，城市化进程的加快，英国的社会

---

[1] F.J. T*he Merchant's Ware-House Laid Open: Or the Plain Dealing Linnen-Drapper. 1696.* pp.2,7,14. (http://eebo.chadwyck.com

[2] "An act for the more effectuall Imploying the Poor by incourageing the Manufacture of the Kingdom", in The statutes of the realm, vol.7,pp.598-599.

[3] 禁令的前言是这样的：鉴于印花布、绘花布或染花布的使用，无论用于衣着或用于室内装饰，都有害于民族毛纺工业和丝纺工业，并有增加贫民人数的趋势。又鉴于如不采取有效措施来加以制止，结果就会完全毁灭上述工业，并使陛下的无数臣民遭受破产，因为他们的生活依赖这些工业。因而禁止一切住在英国的人买卖、穿着或拥有这些织品，如有违犯，即对私人科以五镑的罚金，对商人科以二十镑的罚金。参见保尔·芒图著，杨人楩，陈希秦，吴绪译，《十八世纪产业革命——英国近代大工业初期的概况》，北京：商务印书馆，1991年版，第155页。

财富大大增长，普通大众的实际平均收入也得到了一定的提高，时装逐渐成为各阶层人们普遍讨论的问题。随处可见的二手服饰贸易，扩大了普通大众的消费机会，促进了英国大众消费市场形成。因此，普通大众对社会上层着装的模仿，比欧洲大陆任何国家都更普遍。曾经象征贵族特权的进口服饰，开始走入寻常百姓家。18 世纪英国普通劳动者的着装，给外国游客留下了深刻的印象。1748 年，一名瑞典的游客这样写道：一个农夫的妻子在星期天的穿戴，有别于她日常劳作时的着装，而与有身份的女士没有多大的区别。1782 年一个德国人发现，几乎每个英国男人都穿着白色内衣，哪怕是乞丐，在衣衫褴褛的外表下，也有一件干净的衬衣。[1]

三、本土棉纺织业的崛起

政府管制服饰的失败表明，时尚的脚步并不会因法令的颁布而停止。时装的兴起，社会模仿的广泛传播、人们生活水平的逐渐提高以及社会流动性的不断增强，使进口服饰在英格兰受到广泛的青睐。尽管国王和议会三令五申，大多数英国人宁愿选择进口的棉布服饰，而不愿意穿传统的羊毛纺织品。然而，优质的羊毛和毛纺织品曾是无数英国人的骄傲。在近代早期重商主义思想的影响下，英国政府对毛纺织业采取过分的贸易保护主义政策，以确保它在国内外市场上的垄断地位。在对外出口上，除去全部完工的毛纺织品外，绝对禁止输出任何形式的羊毛。也禁止输出活羊，以免其在外生长并繁衍后代。还禁止人们在离海滨五英里

---

[1] N.B. Harte. *State Control of Dress and Social Change in Pre-Industrial England.* in: Coleman and A.H. John eds. *Trade, Government and Economy in Pre-Industrial England.* London: Weidenfeld & Nicolson, 1976, p.156.

的范围内剪羊毛。[1]在国内市场，禁止人们穿非羊毛纺织品，甚至禁止商人从亚洲进口棉布。

面对17、18世纪大批棉布服饰的输入，长期受政策保护的英国毛纺织业界充满了恐慌。毛纺织商一再要求议会立法禁止进口这些服饰，甚至还组织工人发动了骚乱。虽然政府以更明确、更彻底的禁令来平息骚乱，但毛纺织商无法阻止英国人规避禁令，训练工人仿制印度棉布。在市场逐渐开放的时代，传统毛纺织业不可能避免竞争，活跃的偷运把他们的一部分优质羊毛运到国外，把印度的优质棉布运进英格兰。羊绒商唯有根据海内外市场的变化，作出相应的调整和技术革新，才能在服装市场站稳脚跟。但是惯常的保护制度，"使得毛纺工业中传统方法的各种改良遇到最强固的障碍，因为特权总是最不利于创举和进步的东西"。[2]可以说，17、18世纪英国政府对传统毛纺织业的保护，其实加速了它的衰落。

与对毛纺织业的消极影响相反，政府对服饰的管制刺激了英国本土棉纺织业的发展。曼彻斯特是英国最早生产棉布的地方，在17世纪初以塞浦路斯进口的棉花为原料，生产出来的粗棉布品质在中等以下，且数量不多。17世纪末，随着与印度殖民贸易的展开，大批印度棉布进入英国市场。如前文所述，在毛纺织商的强烈要求下，议会分别于1698年和1721年通过了禁止进口棉布的法令。但是，"在印度织物的进口未受到任何限制的时期，这些织物所造成的需要已对任何能够仿造的人提供了成功和发财的机会。"[3]禁令施行之后，人们只能通过走私的途径购买到棉纺

---

[1] 芒图.十八世纪产业革命.62页.

[2] 芒图.十八世纪产业革命.61页.

[3] 芒图.十八世纪产业革命.155页.

织品，舒适、柔软、耐洗的棉布仍然有着巨大的市场需求。

仿造印度棉布的棉纺织业，首先在兰开夏郡兴起。兰开夏临近港口城市利物浦，而东西印度群岛和巴西种植的棉花，可以经利物浦很便捷地运到兰开夏。更重要的是，兰开夏拥有得天独厚的湿度和温差，使纺出来的棉纱异常纤细。当然，由于工具和技术的差距，兰开夏生产出来的棉布其实是棉麻混合织品。这种织品虽不如印度棉布柔软、漂亮，但是能够勉强替代它，满足人们对棉布的需求。1735 年，议会通过了一项法令，把棉麻混合织品作为旧有的粗棉布工业的一个分支，正式排除在 1721 年颁布的禁令之外，使毛纺织商失去了反对仿制印度棉布的法律依据。[1] 新兴的棉纺织业不像传统的毛纺织业，享有的特权很少，受到的束缚也少，易于进行技术改良和创新。飞梭的使用，使织工能够织更宽的织物，且织布的速度比以前快得多。1768 年，哈格里夫斯的多轴纺纱机投入使用，解决了纱线供不应求的难题。它以惊人的速度推广，几年之内在兰开夏取代了纺车。

17、18 世纪英国政府管制服饰的真正意义，并不在于引导或抑制消费者，保护传统的毛纺织业，而在于它刺激了英国本土棉纺织业的发展。政府禁止商人进口棉布，为英国本土仿制印度棉布制造了良机。此外，禁止人们穿进口的棉布和丝绸服饰，反而增添了这些服饰的神秘感和诱惑力，扩大了它们的市场需求。[2]为适应和满足广大消费者的需要，英国本土的棉纺织业在 18 世纪迅速崛起并逐渐实现商业化。

---

[1]　芒图.十八世纪产业革命.157 页.

[2]　正如 1700 年一位女士在托别人买衣服时嘱咐的那样，"确保替我买到被禁止穿的蕾丝，因为我只穿被禁止穿的衣服，不穿其他"。参见 C. W. Cunnington and P. Cunnington, Handbook of English Costume in the Eighteenth Century, London: Faber & Faber, 1957, p.14.

第二节 成衣业与服装制作方式的转变

一、廉价成衣需求的增长

为适应殖民战争的需要，英国的海军、陆军在17、18世纪都大量扩张，新型的军队逐渐建立起来。军事力量日益强大，政府必须有效地保障军队的供给，合理地调度物资。从建造舰队，购置武器装备，到为水手和士兵们提供服饰、食物等，都创造了巨大的市场需求。政府大量的军事订货使服饰的生产和贸易方式发生了很大的变化。量体裁衣的成衣匠行会无法满足军队的巨大需求，于是一种特殊的军队服饰供应体系应运而生。政府向承包商预定需求的军服数量，并以记账的方式承诺付款。因此，政府自1660年起努力构建一套高效而稳定的信用体系。从付款到税收、借贷等，都渐趋平稳。承包商一方面与军官们保持密切联系，以获取订单；另一方面将生产任务二次承包给手工工场的女成衣工们，以顺利完成制作任务。

一般说来，能接下政府订单的商人都是充满智慧且财力雄厚的。海军大臣佩皮斯在日记中多次记录了服饰承包商与他的交往，其中最亲密的要数托马斯·贝克福特（Thomas Beckford）。1665年12月，佩皮斯与贝克福特等几位商人共进晚餐。不到三年，贝克福特接到海军制服的订单，显然友谊和饭桌为他们的合作添加了润滑剂。佩皮斯虽然很鄙视腐败的官员，但若不是马上谈及公事，他很乐意接受像贝克福特这样的朋友馈赠的礼物。1668年2月，佩皮斯在日记中提到贝克福特的来访。

我正百无聊赖，贝克福特来到我的办公室。他给我带来一个小钱包，里面放着一些黄金。他说是送给我的礼物，我跟他说我并没有为他做过什么，但他坚持要给我礼物。我一再拒绝，并且告诉他现在并不是收礼物的时候，但他坚持认为有理由送礼物。最终在他的强烈要求下，我收下了礼物。后来我们谈到了他的生意，谈妥之后他才离开。[1]

　　不久以后，贝克福特代表承包商，向佩皮斯请求政府早日支付订货的账款。事实上，政府与承包商之间是一种相互依存，互惠互利的关系。政府很少在殖民战争开始的头一两年支付预定的服饰费。而承包商却必须向布料商支付布料成本费，以及缝纫工工资。若没有雄厚的经济基础，是无法胜任的。政府的大批军事订货为承包商保证了服饰的市场，再加上制服的布料价格较低，伦敦和一些港口城市拥有足够多的廉价劳动力缝制衣服，许多承包商因此获得巨额财富。

　　理查德·洛（Richard Lowe）1740 年开始在伦敦从事服饰贸易，一直到 1750 年生意都没有很大的起色。当他接到第一个军事订单后，生意马上扩大。有了那次成功的经验后，洛竭力与军方政府官员疏通关系，最终获得了对美战争期间海军士兵制服的唯一供应商资格。这次订货是洛服饰生意的转折点，单 1782 年就售出价值 35000 英镑的商品。到 1785 年，洛去世时，他的财产价值 15 万英镑。[2] 承包商投资和贸易规模的扩大，必然带来生产能力的大幅提高。一旦进入和平时期，他们生产的简单实用而廉价的服饰流入大众市场，进入寻常百姓家。

　　除了政府大规模军事订货扩大了廉价成衣的需求之外，英国

[1]　The Diary of Samuel Pepys. vol.9, pp.81-82.

[2]　D. J. Smith. *Army Clothing Contractors and the Textile Industries in the 18th Century.* Textile History. vol.14, no.2 (1983), pp.159-163.

的海外殖民者和探险家们，在到达目的地后也需要批发商的廉价成衣。1679 年，三艘船从布里斯托尔出发，为弗吉尼亚的殖民者带来 17 打女式内衣和 70 套外衣。1697—1700 年间，大约有95000 件羊毛背心被运送到殖民地，而伦敦是这些商品的集散中心。[1] 此外，17 世纪末非洲奴隶贸易的展开，大量进入欧洲、美洲的奴隶对廉价成衣的需求扩大。[2] 被发配到殖民地的囚犯和东印度公司的职员也需要大量廉价成衣。囚犯们一上船就被迫换上粗糙的囚衣，以表明其身份。而为东印度公司效力的人一般至少在印度待上五年，他们除了免费获得床和床上用品外，还有两件夹克、三件衬衣、两双长筒袜、一双鞋和一条裤子。[3]

17、18 世纪教会办的济贫学校，以及一些私人办的育婴院等机构，对廉价成衣的需求量也比较大。济贫学校一般免费为上学的孩子提供衣服。当时一位伦敦市民认为，许多父母与其说是送孩子去接受教育，不如说是为了保证孩子能穿暖吃饱。[4] 随着入院孤儿的不断增多，伦敦育婴院在购买衣服上的花费逐年增多。1747 年和 1749 年的服饰开支分别为 150 英镑和 250 英镑，到1759 年增至 956 英镑，1760 年更是达到了 1333 英镑。院方为减少这方面的开支，不得不向承包商预订廉价成衣。[5]

政府军事订货、殖民者、奴隶、囚犯、济贫学校和育婴院等，

[1] Nuala Zehedieh. *London and the colonial consumer in the late seventeenth century.* Economic History Review,vol.47, no.2 (1994), pp.248-257. 尤其是表 9 和 10，突出殖民地市场在英国出口贸易中的重要地位。

[2] Shane White and Graham White. *Slave clothing and African-American culture in the eighteenth and nineteenth centuries.* Past & Present, vol.148 (1995), p.154.

[3] Lemire. *Fashion's favourite.* pp.184-185.

[4] Lemire. *Dress, culture and commerce.* pp.38-39.

[5] M. Dorothy George. *London Life in the Eighteenth century. 1925.* pp.55-57. （http://www.archive.org）

扩大了市场上对廉价成衣的需求。巨大的需求使服饰的制作方式发生了根本性转变。服饰不再仅仅依靠行会成衣匠的量体裁衣，这种慢工出细活的制作方式已经不适应时代的需要。承包商接到订单后，向布料商购买原料，然后分发到各个分工细致的手工工场，依靠廉价的女成衣工批量生产出廉价成衣。虽然在这个转变过程中，无法看到大机器生产，但其组织和分工管理模式却是机器大生产的雏形。

二、男成衣匠与行会的衰落

自 17 世纪中叶开始，英国的成衣匠行会开始衰落。尤其在伦敦的近郊以及贸易发展迅速的地区，行会的垄断地位一落千丈。英国内战造成人口流动频繁，许多人脱离行会的限制。那些在战争中追随国王的人，在战后继续与王党保持贸易往来。1648 年，牛津成衣匠行会要求牛津地区所有成衣匠入会，按季度缴纳会费，并且遵守入会守则。但是直到 1661 年，仍有一些倾向王党的成衣匠没有响应。

事实上，行会不仅要面对内部的不顺从者，还受到外来竞争者的威胁。1647 年 6 月，一名外地商人的到来，引起了牛津成衣匠行会的忧虑。这名商人出售各种各样的成衣，严重损害了行会的利益。行会要求市长保护他们的利益，使他无法在牛津立足。若市长的压制给他本人带来麻烦，行会将承担所有的代价。[1] 这表明行会在地方上仍然具有一定的势力，但也透露了一个信息，即人们购买衣服的途径开始多样化，不再仅仅依赖于行会成衣匠的量身定做。同时，市长对外来商人的压制，有可能会惹祸上身，

---

[1] Lemire. *Dress, culture and commerce*. p.44.

表明外来商人在地方市场上绝非孤立无援。

复辟后，行会仍然不得不警惕外部的竞争者和内部的不顺从者。甚至诉诸法律手段，向法庭递交起诉书，控告那些来到伦敦的衣帽商。1669 年，有 9 名商人被起诉。他们被控违反伊丽莎白一世颁布的学徒法令，学徒期未满 7 年就从事服饰的买卖。[1] 而辩方坚称他们零售成衣并未触犯学徒法令，因为他们出售的服饰并非自己亲手制作，法令并未规定不得销售他人制成的服饰。衣帽商除了钻法令的空子外，还借助价格优势来支撑其贸易的合法性。他们出售的成衣比行会成衣匠制成的衣服廉价得多，更能满足广大平民的需要。

廉价的成衣深受大众欢迎，行会内部有些成衣匠也被巨大的市场需求吸引，无视行会的种种严格限制，在橱窗展示廉价成衣。一旦被行会发现，他们也会被起诉。1696 年安东尼因在店内出售成衣被控告，但 1711 年，他又因此被罚款。像安东尼这样的行会成员，放弃了行会精心剪裁的制作服饰方式。他们直接从事新旧服饰的零售，使受外来竞争者威胁的行会力量更加薄弱。

牛津之外的其他地方，成衣匠行会也是内外交困。1685 年，索尔兹伯里的成衣匠行会，担心外来商人对本地服饰制造业造成威胁。于是在外来商人的入会资格中增加了一条，即"不得私自制作或出售任何服饰，也不得与城内的服饰商有业务往来。"[2] 1701 年，行会连续三次向伦敦商人发出警告，要求他们立即离开并且关门大吉。但是，这些威胁无济于事，伦敦商人依旧往返于首都和周边各郡。这些商人带来的是廉价成衣，吸引着当地零售商和普通百姓，对传统的行会成衣匠生产服饰形成了巨大的挑战。

---

[1] Lemire. *Dress, culture and commerce*. p.45.

[2] Lemire. *Dress, culture and commerce*. p.47.

三、女成衣工与成衣制作的推广

17世纪中后期，英国的人口比例失调，女性比男性数量要多，使许多女性晚婚甚至终身未婚。这样一来，大批单身女性迫于生计，必须自谋生路。但是在妇女尚未进入公共领域时，她们受雇佣的机会很少。只有一小部分女孩可以到城市行会当学徒，大多数女孩只能从事缝纫工作。[1]穷人家的女孩在进入城市谋生之前，一般需掌握各种各样的缝纫技术。

自1650年起，伦敦吸引了大批单身女性。然而，即使技术熟练的女性，在伦敦也很难生活得体面。安·斯科特（Ann Scott）自幼习得一身熟练的缝纫技术，从爱尔兰来到伦敦，坚信自己可以挣到一份满意的工资。可在1685年，她因偷盗罪被诉诸法庭。[2]当然，也有一些幸运的年轻女性，在伦敦站稳了脚跟，并做起了服饰生意。但是，从事服饰贸易的女性远远少于男性，而且绝大部分的女服饰商的财产不超过400英镑。

在1759-1763年与1777-1796年间，政府的军事订货大增，为单身女青年创造了许多就业机会。行会男成衣匠量体裁衣方式已经不能满足市场的需求了，而移民到城市的大量女成衣工受行会的教育和限制很少，需要支付的工资较低，备受服饰承包商青睐。行会虽竭力压制和对抗女成衣工，也威胁成衣商，但都无济于事。甚至行会中有些学徒期满的成衣匠，也成为工资劳动者。如此一来，在服饰制作过程中出现了新的性别分工，男成衣匠主要负责缝制外套、夹克和裤子，而女成衣工主要负责内衣裤、袜子以及衣服上的纽扣饰物等的完工。

[1] K. Ben-Amos. *Women apprentices in the trades and crafts of early modern Bristol.* Continuity and Change. vol.6 (1991), p.236.

[2] Lemire. *Dress, culture and commerce.* p.50.

雇佣大量女成衣工生产廉价成衣，使行会的精致服饰不得不降价处理。因此，招收女学徒或雇佣女成衣工会受到行会惩罚，而独立从事服饰贸易的妇女是城市驱逐的对象。为了监督女成衣工，行会雇佣检查者调查商铺。一旦发现侵犯了行会垄断权，立即上报给行会。违反者越来越多，行会的诉讼费也不断增长。在巨大的经济压力下，行会转而将压制的希望寄托于议会。牛津、约克、诺里奇等地的成衣匠联合起来，向议会递交请愿书。希望议会保护他们的垄断地位。然而议会在这个问题上犹豫不决，毕竟政府的大批军事订货依赖于手工工场的女成衣工，而且这种生产方式为大量贫困的女性提供了就业机会。最终，议会拒绝通过法案压制女成衣工。[1]实质上，议会在这一问题上的态度反映了当时英国服饰制造业的面貌发生了巨大的转变，由最初的行会为少数社会精英剪裁缝制服饰，到手工工场的女成衣工分工协作缝制廉价的成衣。

自 17 世纪中叶始，大量年轻女性流入劳动力市场，与男性竞争有限的岗位。军事订货和一些机构对服饰需求的扩大，刺激了手工工场的发展和壮大。然而，即使技术熟练的女成衣工也无法扩大自己的生意，除非依靠偷盗等不正当手段。移民到城市的女成衣工时常要面对行会的监督和压制。另一种谋生的途径就是求助于手工工场，以高强度的劳动换取微薄的工资度日。女成衣工凭借其特有的速度、能力以及忍耐力，面向广阔的市场制作大量廉价的成衣。这些广受欢迎的成衣，无论质地、色彩，还是实用性、轻便性，都使它们在和平时期顺利进入寻常百姓家。手工工场的成衣制作，是工业革命时期机械化生产成衣的雏形。

---

[1] Lemire. *Dress, culture and commerce*. p.55.

第三节　二手服饰与商业的发展

尽管近代早期的服饰制作，逐渐由小作坊成衣匠的手工制作向手工工场的集体协作转变，但市场上流通的漂亮服饰数量依然相当有限，价格也比较昂贵。处于社会中下层的普通大众往往无力购买新时装，转而选择同样质地、款式，价格却便宜很多的二手服饰。

一、二手服饰的产生与分配

随着时尚潮流的改变，贵族的服饰更新相当快，为市场提供了大量二手服饰。贵族家庭成堆的长袍、围裙、帽子、衬衫、裤子、夹克、长袜、鞋子，等等，被服装店主、流动商贩、批发商和当铺老板们带到二手服饰市场。许多人有机会以每双五先令的价格，买到前朝统治者穿过的鞋子。[1] 除贵族之外，普通劳动者也可能将服饰拿到二手市场出售。得益于 18 世纪英格兰本土棉纺织业的发展，普通劳动者开始穿上舒适柔软的棉纺织品，使传统的帆布、粗麻布、赤褐色粗布、皮革制成的服饰逐渐过时。那些被普通大众淘汰的质地坚硬的传统服饰，也是近代早期英国二手服饰的一个重要来源。

当然，二手服饰市场上流通的旧服饰，并非都是遭消费者淘汰的，还有一部分是由不法分子偷盗、抢劫而来。虽然无法得知非法获得的二手服饰究竟占多大比例，但是可以肯定在近代早期，英国偷窃服饰的行为普遍存在。伊丽莎白一世多次在王家文告中，尖锐地指出"有些处于社会较低层的民众，偷盗和拦路抢劫漂亮

---

[1]　Madeleine Ginsburg. *Rags to riches : the second hand clothes trade, 1700-1978.* In: Costume, vol.14 (1980), pp.122-123.

图 27　连戴几个帽子的小贩　　　　图 28　提篮子的小贩

图 27、28 来源: Ribeiro, Fashion and fiction, pp. 299, 300

的衣服"。[1] 夏普发现在 1620—1680 年间，埃塞克斯郡的偷盗行为中有 14% 是偷盗服饰。[2] 同样，贝蒂发现在 18 世纪，所有偷盗罪行中，偷盗服饰是最普遍的。在萨里郡和苏塞克斯郡的市区，对偷盗者的诉讼案件中，有 27.1% 是起诉偷盗服饰者。[3]

　　为了得到漂亮的衣服，小偷不仅偷窃陌生人，而且不惜打破邻里、血缘、朋友之间的纽带关系，偷盗亲朋好友的服饰，甚至还有人会当街抢劫陌生人。有些小偷并不以偷盗服饰为生，只是囊中羞涩却被服饰本身吸引。为了穿得光鲜漂亮，不惜铤而走险。而职业小偷则经常聚集大堆赃物，通过低价转手、当街零售或改

[1]　Hughes, Paul & Larkin, James (eds.). *Tudor Royal Proclamations*. New Haven: Yale University Press, 1969. vol. II , p.381; vol. III , pp.174-175.

[2]　J. A. Sharpe. *Crime in Seventeenth-Century England: A County Study*. New York: Cambridge University Press, 1983, p.93, Table 2.

[3]　J. M. *Beattie, Crime and the Courts in England, 1660-1800*. Princeton: Princeton University Press, 1986. p.187, Table 4.9.

装翻新等方式将其作为二手服饰销售出去。一些唯利是图的当铺老板、旧服装店主和流动小商贩都乐意低价收购偷盗而来的服饰。

贵族阶层、普通劳动者、小偷提供的大量二手服饰，经流动小商贩、批发商、旧服装店主及当铺老板的收购，实现二手服饰在进入市场之前的分配。商人们收购二手服饰的方式和手段各异，因此收购而来的服饰在质地和款式上参差不齐。

流动小商贩主要用新的小商品与人们交换旧服饰（见图27、28）。19 世纪中期英国的社会学家亨利·梅休（Henry Mayhew），在《伦敦劳工和伦敦穷人》一书中，详细记载了小商贩收购旧服饰的方式，并强调这种方式沿用已久。

小商贩们通常提着一个重约 75 磅的篮子，每天至少要走遍方圆15 英里，沿路收购旧服饰，或者用一些新生产的小饰品与人交换旧服饰。当然也有很幸运的时候，他们可能很快处理掉篮子内的小商品，换回满满一篮子旧衣服。[1]

18 世纪英国的一份报纸报道了小商贩詹姆斯·瓦劳和他妻子的故事。瓦劳专门收购二手服饰，而他的妻子负责出售曼彻斯特新棉布。在这对夫妻经营的小生意中，卖掉旧服饰的顾客可以很方便地购买到新棉布。[2]

流动小商贩从英格兰各个角落收购而来的二手服饰，一般都转卖给伦敦的批发商。批发商还充分利用报纸这一有效的媒介，收购英格兰各地的二手服饰。伦敦的周报和日报发行甚多，而且

[1]　Henry Mayhew. *London Labour and the London Poor*. London: London Spring Books, *1851.* vol.1,p.408.（http://www.archive.org）

[2]　Stamford Mercury, April 25,1728, quoted in Lemire , "Consumerism in pre-industrial and early industrial England", p.9.

到首都参观游览者众多，使得报纸上的收购信息能够广为传播。1777年《新广告日报》中有一则广告是这样的：本人大部分现金用于收购服饰，无论其质地的好与坏。不管谁有服饰要处理，都可直接写信至普鲁姆特里大街6号的布鲁姆斯伯里，伦敦城方圆十英里以内上门收购。这位大商人还进一步承诺，将会替顾客保守秘密。[1] 有的批发商从事全国范围内的服饰收购业务，约翰·马修斯就是这样一位商人，他在1770年春季的《杰克逊牛津日报》上刊登了一则广告。

约翰·马修斯，一个来自伦敦的商人，专门收购男式与女式旧服饰，不管服装是否有蕾丝花边、刺绣、金银丝浮花或精心的剪裁，也不论其颜色与款式如何。我承诺给您的服饰以最高价，因为我的销路很广，不但可以在伦敦交易，还可以销售至英格兰每一个角落，甚至远销海外。如果您有任何服饰需要处理，并允许我查看一番，我将让您的旧服饰实现它们的价值……我还收购各种旧亚麻布、金银蕾丝、校服和仆人的制服。[2]

在伦敦之外，许多地方市镇的服装店主也收购旧服饰。这些店主大部分是成衣匠，即使不是成衣匠也对布料、缝纫、服装款式等相当了解。他们向购买新服饰的顾客承诺，收购其旧服饰。苏塞克斯一个小镇的服装店主托马斯·特纳在日记中，详细记录了自己收购二手服饰的事迹。他收购各种各样的纺织品，1759年曾将收购回来的旧衣服分成两大类，质地较好的、尚可再次穿着的送到

[1] The Gazetteer and New Daily Advertiser, February 14, 1777, quoted in Lemire, "Consumerism in pre-industrial and early industrial England", pp.10-11.
[2] Jackson's Oxford Journal, March 17, 1770, quoted in Lemire, "Consumerism in pre-industrial and early industrial England", p.8.

梅德斯通二手市场，而另一类破烂不堪的直接卖给了造纸厂。[1]
将收购而来的破旧衣服卖给造纸厂，这在英国的地方市镇相当普
遍。然而，一件较为完好的二手服饰价值 5 先令，最不济也可以
卖到 4 便士。从一大堆破旧衣物中挑选出二手服饰用来出售，比
起把它们当作成堆的破布，卖给造纸商带来的利润要高得多。造
纸商们虽然希望将破旧衣服制成白色或褐色的纸张，但只要其中
还有一部分可以作为二手服饰出售，他们也会毫不犹豫地挑选出
来，毕竟二手服饰比纸张更受欢迎。[2]

除了流动小商贩、批发商、服装店主们收购二手服饰之外，
还有一类分布同样广泛的服饰收购点，即典当铺。工匠、仆人等
一些处于社会下层的普通劳动者，拥有的现金比较少，除了有限
的服饰之外，他们很少有其他物品兑换成现金，以应付不时之需。
当危机渡过之后，他们通常会尽力将其服饰赎回。1762 年《公
共广告报》上记录了这样一则故事：

一个贫穷的老妇人为了得到六便士，多年来屡次将她的帽子典
当出去，并且每次都按时赎回。可是有一次她照例去赎回帽子时，
帽子已经被当铺老板卖掉了。最终这位店主被责令找回帽子，并将
其账簿交给检查官核对。[3]

当然，并不是所有人都可以像这位老妇人那样按时赎回典当
物，当铺老板总是能从六便士和典当物的差价中谋取利润。

---

[1] Lemire. Consumerism in pre-industrial and early industrial England. p.7.
[2] Ginsburg. Rags to riches. p.122-125.
[3] The Public Advertiser, January 5, 1762, quoted in Lemire, "Consumerism in pre-industrial and early industrial England", p.11.

二、二手服饰的交换与消费

批发商、服装店主、当铺老板和职业小偷们，通过合法或非法手段获得成堆二手服饰之后，以较实惠的价格将其批发或零售出去。批发商主要是将在英格兰滞销的二手服饰运到爱尔兰、苏格兰，甚至出口到欧洲大陆。大部分服装店主是成衣匠，他们为了销售新服饰，往往承诺收购旧服饰，而旧服饰经过一番改造，极有可能被顾客看中。当铺老板会将那些顾客无法按时赎回的服饰作为二手服饰出售，从中赚取利润。当然，当铺里还有一部分服饰是从小偷手中购得，根本就不会有人赎回。职业小偷则经常聚集大堆服饰，销赃地点并不固定，但价格比正规商店低很多。

批发商从事的是大宗贸易，尤其是批发那些在英格兰过时的服饰。到 18 世纪 80 年代，英格兰棉纺织业的兴起和发展，对许多传统服饰的市场形成了重大挑战。印花棉布、灯芯绒、棉亚麻混纺布等各种棉纺织品，无论在质地，还是在价格上，都是传统服饰无法匹敌的。[1] 柔软舒适的棉布裤子逐渐取代了传统的坚硬皮裤，越来越少的劳动者穿皮革制成的裤子，不但影响到皮裤的制造业，而且使二手皮裤市场相当冷淡。那些准备将旧皮裤出售的人很难找到买家，而收购了一些旧皮裤的商人也难零售出去。然而，在英格兰过时的服饰，不一定在苏格兰、爱尔兰没有市场。18 世纪末期，批发商们发现爱尔兰并未普及新棉布，传统服饰仍有很大的市场，于是将大堆皮裤运送至爱尔兰。1850 年梅休这样写道："一位老绅士告诉我，他很熟悉四五十年之前的都柏林穷人，当时最受他们欢迎的二手服饰就是皮裤。而那种皮裤是一个世纪

---

[1] Beverly Lemire. *"A Good Stock of Cloaths": The Changing Market for Cotton Clothing in Britain.* 1750-1800, Textile History, vol.22, no.2 (1991). pp.311, 314.

之前，英格兰乡下人很喜欢穿的。"[1]

伦敦不但是众多服饰批发商聚集的地方，也是英国最大的二手服饰零售中心。金斯柏格指出伦敦的二手服饰贸易主要集中在几条大街小巷、蒙茅斯大街、罗斯马里巷、衬裙巷。[2] 在这些大街小巷里，除了街边的零售店之外，还有一些更加集中的二手服饰市场。旧服饰市场上气氛相当活跃，充斥着店主与顾客的讨价还价声，甚至还有争吵的声音。1761 年《公共广告报》上报道了一件发生在二手服饰市场的惨案。一位老人在购买一条旧裤子时，拒绝按店主要求的价格支付，被两名店主推倒在地，致使头骨断裂而死。[3] 当然，大多数顾客在二手服饰市场上是幸运的，能以较低的价格买到质地较好的服饰。

在伦敦之外的地方市镇，也遍布着许多二手服饰零售店，流动小商贩们更是将旧服饰传播到了英格兰许多偏僻角落。不像伦敦的旧服饰零售商可以很便捷地从批发商那里进货，地方市镇的零售商依赖于流动小商贩从当地收购的旧服饰，或者向购买新服饰的顾客承诺收购旧服饰。不管进货的渠道有何不同，二手服饰零售店的货源始终是较为充足的，在英格兰大多数市镇村庄，人们都可以买到二手服饰。

比起二手服饰的批发商和零售商来，职业小偷们窃取的服饰，处理方式更加多样化。最快捷的是卖给当地的当铺，有时也会卖给不太挑剔的服装店主。当铺老板和服装店主在接收赃物时，也承担着一定的风险，如果小偷被抓，他们可能会被举报至法官。

---

[1] Mayhew,. *London Labour and the London Poor*. vol.2, p.28.

[2] Ginsburg. *Rags to riches*. p.122.

[3] The Public Advertiser, August 19, 1761, quoted in Lemire, "Consumerism in pre-industrial and early industrial England", p.16.

1762 年《公共广告报》中报道了服装店主雷切尔·弗里曼，因接收赃物被举报的事件。一名经常向弗里曼店里提供二手服饰的妇女，在一个亚麻布店冒充顾客偷盗商品时，被当场抓住。这名女贼为了减轻法庭对她的惩罚，向法官透露了经常接收她赃物的店主弗里曼。后来检查官去搜查弗里曼的仓库，果然发现了大量偷来的服饰。[1]

为了销售偷来的服饰，小偷还可能直接在街边跟人讨价还价。地方法官在对偷窃服饰的案件审讯过程中，经常发现一些犯罪嫌疑人只是因为贪小便宜，在大街上从小偷手里直接买了赃物，之后在穿着的时候，被失主认出。玛丽·伯德被告偷盗服饰，她的法庭证词是这样的：我嫌那件童装价格太高，本来不打算买，但是那名小商贩告诉我，另一名妇女打算以这个价格买下她的服饰，于是我决定买下来。[2] 不幸的是这件衣服原是偷来的，伯德被失主告上了法庭。当然，也不排除有些小偷在法庭上撒谎，把自己说成一个无辜的受害者，而法官们无从考证，因为街边的交易往往没有留下任何凭据。

有些小偷精于缝纫，将偷来的服饰稍加修改，使失主很难辨认。经过一番修改的衣服，通常可以顺利出售。被告上法庭的往往是那些没能侥幸过关的小偷，而法庭中关于此类的记录很少见。雷切尔·米尔福德将她偷来的围裙加上一对袖子，并未作其他修改，在兜售过程中被失主认出，因而被捕入狱。马修·莫顿在一个职业小偷的窝点，找到了他商店中丢失的一些服饰，其中包括一件昂贵的黑丝绸长袍和配套的衬裙。但是这两件衣服已经被小偷剪

[1] The Public Advertise, June 23, 1762, quoted in *Lemire, Dress, Culture and Commerce*, p.137.

[2] Lemire. *Dress, culture and commerce*. p.144.

裁成碎片，以备制作成其他款式的服饰。[1]

二手服饰贸易在近代早期的英国相当普遍，是普通大众日常生活的一个重要组成部分。二手服饰不仅受到那些财富不断增长的商人、绅士、成功的职业人士的青睐，而且受到成千上万无力购买新服饰的社会下层民众的欢迎。如果一个穷人想要掩饰自己卑微的身份和地位，购买较为华丽、价格适中的二手服饰无疑是最佳选择。当然，最有可能购买二手服饰的还是中间阶层，他们年收入在 15—50 英镑之间，渴望改善自己的社会地位。[2] 他们固然很重视自身的公众形象，希望时尚的着装可以为他们赢得上流社会的认可，从而提高自身的社会地位。[3] 但精于计算的习惯，使他们在购买时尚服饰时，对价格斤斤计较，价廉物美的二手服饰恰恰满足了他们在着装上的特殊需要。就连后来成为海军大臣的塞缪尔·佩皮斯，在经济还比较拮据的时候，也购买了一件旧的天鹅绒外衣。[4]

二手服饰深受普通大众欢迎，是近代早期英国人们普遍追逐时尚的结果。这看似一个悖论，旧服饰似乎代表着过时的、不再流行的，与时尚相差甚远。但是如果将旧服饰置于特定的时代背景、特定的地点下，它很可能是充满时尚气息的。在工业化之前，时装的流行存在较大的滞后性。在伦敦最流行的服饰款式，不一定马上能被地方市镇的人们接受，却很可能一两年之后在地方市镇的二手市场深受欢迎。时装流行的滞后性使它总是先在一部分人中流行，然后作为二手服饰在另一部分人中并不会过时。因此，

[1] Lemire. *Dress, culture and commerce*. p.143.

[2] Lemire. Consumerism in pre-industrial and early industrial England. p.4.

[3] Lemire. *Dress, culture and commerce*. p.124.

[4] The Diary of Samuel Pepys.17 May 1662, vol.3, p.84.

普通大众穿上贵族们留下的二手服饰，其实是对贵族生活方式的一种最显而易见的模仿。从当时一些社会观察家的言论来看，英国社会各阶层人们都卷入了时尚的潮流。笛福在讽刺诗中，说普通妇女是一些对奢侈品痴迷的花瓶，她们并无真才实学，只有对物质的追求。笛福的诗广为流传，许多男性读者为取悦爱慕者，往往会赠予她们各种各样的服饰以及暖手筒、披肩、蕾丝、缎带、围巾等小饰品。笛福声称，他那个时代的所有妇女都成了时尚的奴隶。[1]

服饰作为一种基本的物质资料，它的变化是社会经济发展的必然结果。在 16、17 世纪，毛纺织业在英国的纺织业中占据着主导地位。服饰的质地以各种档次的毛纺织品为主，只有贵族阶层才有实力购买昂贵的进口面料。17、18 世纪之交，在印度棉布的冲击下，英国毛纺织业开始衰落，仿制印度棉布的棉纺织业兴起。到 18 世纪下半叶，英国本土已具备生产不同档次棉布的能力，普通大众都可以购买到柔软舒适的棉布服饰。与此同时，他们还能以较低廉的价格，购买到新服饰。因为手工工场的女成衣工取代行会的男成衣匠，在服饰制作中占据主导地位，使市场上流通的新服饰数量大增。

反过来，服饰的变化也刺激了英国经济的发展。17、18 世纪之交，人们对印度棉布的狂热，刺激了英国本土棉纺织业的兴起。自查理二世复辟始，军队、殖民者、奴隶、囚犯、济贫学校、育婴院等，对廉价成衣需求的大量增长，使服饰的制作方式发生了巨大转变。成衣匠行会量体裁衣式的制作，已经不能满足市场的需要。分工细致的手工工场大大提高了成衣制作的效率，推动了

---

[1] Daniel Defoe, *The London Ladies Dressing-Room: or The Shopkeepers Wives Inventory*, quoted in Lemire, *Dress, Culture and Commerce*, pp.122-123.

成衣业的发展。二手服饰作为新服饰的补充，也存在着广泛的市场需求，因此二手服饰的贸易网触及英格兰每一个角落。普通大众一方面购买廉价成衣，坚决抵制二手市场上象征等级差异的传统服饰，另一方面积极模仿上层社会的时尚着装，购买市场上流通的二手服饰。这进一步缩小了普通大众与社会上层人士着装的差距，冲击着传统的等级秩序，使英国社会的等级结构发生了变化。

第 4 章
服饰与英国社会等级结构的变化

近代英国社会的等级结构中，有三种差别是决定性的。首先是地位差别，其次是性别差别，即集中于社会两性关系的权威与服从，再次是年龄差别。[1]也就是说，社会等级结构的变化主要体现在，社会各阶层人们社会地位的变化，男性与女性、主人与仆人以及父母与子女之间的权威与服从关系的变化。

从近代早期人们的服饰看，英国社会的地位差别变化很大，社会上层的权威经常受到挑战。虽然抑奢法明确规定社会各等级人们服饰的质地和颜色，以维护尊卑有序的等级制度，但是效果并不显著，社会中下层人们跨越等级界线而着装的现象随处可见。与地位差别密切相关的是年龄差别，年轻女仆购买新装弱化了对主人的依附关系，年轻男仆出售制服挑战主人的权威。在同一家庭内部，父母与子女之间的权威与服从关系也有所松动。无论是出身于贵族家庭还是平民家庭，子女都不一定遵循父辈的着装习惯。这一时期英国社会的性别差别变化虽小，男性的权威也受到了一定的冲击，政府不得不在 1574 年恢复对妇女着装的管制。而社会中下层妇女的女

---

[1] 基思·赖特森. 英国近代早期的社会等级. 载：王觉非. 英国政治经济和文化的现代化. 南京：南京大学出版社，1989. 196 页.

扮男装行为，更让男性统治者颇为不安。

第一节　服饰与社会地位差别的变化

一、抑奢法对社会等级的划分

早在 1337 年，英格兰议会颁布了第一条抑奢法，随后在 1363、1463、1483 年也通过了类似法令。16 世纪英国政府在奢侈之风的冲击下，对服饰的管制达到前所未有的高潮。议会先后通过了 5 条王国法令，枢密院还发布了 12 条王家文告。每条抑奢法都包含许多涉及服饰的繁杂条款，且具备一个共同特点，即列出不同的社会等级，并相应指出每个等级可以穿戴哪些颜色、质地的服饰，不能穿戴哪些颜色、质地的服饰。

亨利八世统治时期，议会分别在 1510、1514、1515、1533 年通过了抑奢法，这些法令与 1554 年法令一起生效至 1604 年。法令在内容上大同小异，但是比起以往的法令来，等级划分更加细致。其中 1533 年法令尤为突出，贵族被分为王室成员、公侯伯子男爵和嘉德骑士，其余的人则依据财产多寡划分为不同的等级。法令强调每一社会等级的着装权利，地位越高享有的特权越多，地位越低受的限制越多。同时，服饰的颜色成为区分社会等级的标志之一，如表 1 所示。

表 1　1533 年王国法令对服饰的管制

社会等级	可以穿戴的服饰	禁止穿戴的服饰
王室	紫色、金色服饰	无
公爵、侯爵	金丝绒织物	紫色服饰

续表

社会等级	可以穿戴的服饰	禁止穿戴的服饰
伯爵、子爵、男爵	银丝绒织物	紫色、金丝绒织物
嘉德骑士	紫色的斗篷	金银丝绒织物和貂皮
年收入达到200英镑者	佩戴黄金首饰和在衣物上饰以黄金，天鹅绒制成的服饰	紫色、金银丝绒织物和貂皮、进口服饰
年收入达到100英镑者	上等丝绸、绸缎、锦缎、羽纱和波纹绸制成的服饰	紫色、金银丝绒织物、进口服饰、天鹅绒、任何兽皮制成的服饰
年收入达到40英镑者	绸缎、锦缎或波纹绸制成的服饰	紫色、金银丝绒织物、进口服饰、天鹅绒、上等丝绸、任何兽皮制成的服饰，且不能是深红色和蓝色
年收入达到20英镑者	绸缎、锦缎或波纹绸制成的紧身上衣，蕾丝腰带、袜带	紫色、金银丝绒织物、进口服饰、天鹅绒、上等丝绸、任何兽皮制成的服饰，且不能是深红色和蓝色
年收入达到5英镑者	每码价值低于6先令8便士的布匹	每码价值超过6先令8便士的布匹，且不能是深红色和蓝色
年收入低于2英镑者	每码价值低于2先令的布匹	每码价值超过2先令的布匹，且不能是深红色和蓝色

资料来源："An act against wearing of costly apparel", The statutes of the realm, vol.3, pp.430-431.

到伊丽莎白一世时期，由于议会拒绝通过抑奢法，女王不得不发布王家文告来管制人们的服饰，为此她先后颁布了12条相关文告。这些文告从形式到内容都颇为相似，一般先痛陈王国内服饰不规范的现象仍然广泛存在，接着简要概括1533年抑奢法，最后强调如何使这些法令继续生效，即保证法令在各郡、城镇、乡村得到切实的执行。

王家文告与王国法令的最大不同之处在于，它更加关心如何实施现有法令。伊丽莎白一世即位时，抑奢法已经比较完善了，但是几乎各个阶层中都有不按规定着装的人。女王认为问题出在执法层面，在王家文告中为实施法令制定了种种策略。第一，"郡长、市长、治安法官和其他地方法官被赋予执行抑奢法的权力，负责对违法者的逮捕、审讯、监禁和判罪入狱，并定期向大法官和巡回法官报告"[1]；第二，"有许多监督者遍布各个村庄、市镇，这些人专门负责监视人们的服饰，一旦发现有人着非法服饰，便举报至执法官"[2]；第三，文告中明确规定，权威者应对其下属的服饰负责，尤其是"庄园主应限制他的依附者们的服饰，若他对仆人穿着奇装异服熟视无睹，将被处以罚款"[3]；最后，为了从源头断绝奇装异服，成衣匠和袜商也受到管制，如果他们被发现提供非法服饰，也将被处以罚款。[4]

然而，这些策略不一定都被运用到执法过程中，即使真被运用了，也往往是短暂的。以首都伦敦为例，面对女王1562年连续发布四条管制服饰的文告，城市委员会特别聘请了14名辩护律师，协助市长和各区长官执行抑奢法，并依照文告在每个区安插了四名诚实而声誉高的监督者，但是到1563年这些行动就松懈下来了。[5]显然，如果没有女王和星室法庭的压力，城市委员会并不会坚定地执行抑奢法。

抑奢法竭力维护贵族的着装特权，却得不到他们的坚定拥护。随着王权的加强和爵位制度的逐渐完善，爵位较低的贵族受到越

---

[1] Hughes & Larkin (eds.). *Tudor Royal Proclamations.* vol.2, pp.188-189.

[2] Hughes & Larkin (eds.). *Tudor Royal Proclamations.* vol.2,p.188.

[3] Hughes & Larkin (eds.). *Tudor Royal Proclamations.* vol.2,p.195.

[4] Hughes & Larkin (eds.). *Tudor Royal Proclamations.* vol.2,p.281.

[5] Wilfrid Hoope. *The Tudor Sumptuary Laws.* The English Historical Review. vol.30, no.119 (1915), p. 442.

来越严格的管制，稍稍不慎即有可能违反抑奢法。而负责执行抑奢法的官员和法官，大部分来自乡绅阶层。遍布各村庄市镇的监督者，也是从地方社会诚实而声誉高的人中选拔，所处的社会等级往往低于爵位贵族。爵位贵族反对抑奢法赋予乡绅和富裕市民如此大的权力，认为这些人监视他们着装是对其特权的一种威胁。伊丽莎白一世时期的学者罗杰·阿什曼曾这样对女王说：

> "我知道，王室授权一些诚实的伦敦市民蹲守在伦敦城的各个入口，监视着来往人群的着装，一旦发现有人着非法服饰，便举报至执法官。但是我必须很遗憾地向您报告，一些身份尊贵的人也被这些诚实的伦敦人冒犯了。" [1]

作为国王在地方的主要依靠力量，乡绅和富裕市民是抑奢法的实际执行者，但他们又是抑奢法的主要管制对象。[2] 这一矛盾角色，使他们在执法过程中并不是那么公正与尽职。议会经常怀疑治安法官的诚实性，担心他们因私利而腐败，使很多违法行为没有被起诉和判罪，也有很多管制人们着装的王家文告并没有得到遵守。[3] 事实上，抑奢法的执行相当松散，乡绅和富裕市民的违法行为总是被理解和宽容。

二、抑奢法失败的原因

英国议会和枢密院通过的一系列抑奢法，试图利用质地、颜色不同的服饰来展现人们社会地位的差别，但最终并未达到维护

---

[1]　Quoted in Vincent, *Dressing the Elite*, p.141.

[2]　Hughes & Larkin (eds.). *Tudor Royal Proclamations*. vol.2, p.193.

[3]　Vincent. *Dressing the Elite*. p.141.

尊卑有序的等级秩序的目的。1583 年，清教徒斯塔布斯这样写道：

　　现在人们的着装相当混乱，每个人都按照自己的意愿着装，使自己尽量显得光鲜漂亮，甚至出身卑微的人也不甘落后，以至于很难区分谁是贵族、谁是教士、谁是绅士。[1]

　　抑奢法的效果不理想固然与其受到普遍的抵制，未得到始终如一的执行有关，但最根本原因是法令对社会等级的划分标准与法令要维护的等级秩序自相矛盾。早在 1363 年法令中，财产就是划分社会等级的主要标准，到 1533 年法令最终确立了王室、五级爵位贵族和嘉德骑士的特殊地位，对社会其他臣民等级的划分则是将财产作为唯一标准。这种依据出身和财产划分社会等级的标准，一直沿用到伊丽莎白女王 1597 年发布的最后一份管制服饰的王家文告中。

　　抑奢法一方面将人们划分为不同的等级，对各等级人们的着装进行严格的管制，以维护既定的等级秩序；另一方面却承认人们所处的社会等级可以因财产的增多而上升，即中间阶层和下层民众都可以依靠财富的增长提高其社会地位，从而穿戴符合其身份地位的服饰。进入 16 世纪，财富固然是取得更优越的社会地位的必要条件，但是出身、称号、职业、生活方式和权位的占有等若干可变因素也是划分社会等级的标准。抑奢法对除王室、爵位贵族和嘉德骑士之外的臣民，将财产作为划分社会等级的唯一标准，无疑是武断的。事实上，并非所有财富增多的人，所处的社会等级都上升了，但只要他们的着装符合相应的财产权限，抑奢

---

[1]　Stubbes. *The Anatomie of Abuses*. p.71.

法便不会禁止。因此，试图通过服饰的差异体现社会等级差别的抑奢法，反而为人们跨越等级界线而着装大开方便之门。

此外，"抑奢法将某些质地和颜色的服饰作为特权阶层的专享之物，其实增加了它们对于其他人的诱惑力"[1]。更何况贵族阶层一直是整个社会生活的核心和尊奉的模范，他们的着装是社会中下层人们模仿的范式。中下层人们一旦有了足够的经济实力购买那些象征身份和社会地位的服饰，就跃跃欲试。尤其到 16 世纪，乡绅、大商人、律师、教士们随着土地和财富不断增多，着装与贵族阶层越来越相似。在商品化的农业生产中获利的约曼，闲暇时也穿戴时髦的服饰，将自己与普通农夫区别开来，在生活方式上更接近乡绅。面对社会等级结构的迅速变化，都铎时期抑奢法的颁布达到了前所未有的高潮，但是它的自相矛盾使它反而收效甚微。

1604 年，当欧洲大陆许多国家和地区仍在严格管制人们着装的时候，英国议会宣布所有管制服饰的法令文告失效。对于抑奢法的废除，有学者认为在 17 世纪的最初几年，人们已经达成了一种普遍的共识，即坚决抵制抑奢法的执行，议会废除抑奢法是为了避免一场公开的叛乱。因此，抑奢法的废除是一个有计划的、经过深思熟虑的法律过程。[2] 这种解释未免有些牵强，自第一条抑奢法颁布起，就不断遭到社会各等级人们的反对，但最激进的下层民众也只是通过偷盗、抢劫服饰来消极抵触法令，对抑奢法的抵制远不至于引发叛乱。

事实上，抑奢法的突然废除是在国王与议会的政治斗争中，

---

[1] Harte. *State Control of Dress and Social Change in Pre-Industrial England.* p.153.

[2] Elizabeth Hurlock. *Sumptuary Law.* In: Mary Roach and Joanne Eichler, eds. *Dress, Adornment and the Social Order.* New York: Wiley, 1965. p.301.

詹姆士一世企图扩大王权的一种政治策略的结果。在是否通过抑奢法这一问题上，议会的立场并不是始终与国王保持一致。在14、15世纪，国王的权力处在上升阶段，他们提出管制服饰的议案往往能在议会毫无疑义地通过。然而当1576年女王向议会提出一项管制服饰的议案时，遭到议会的强烈抵制。这项议案指出，当时社会各阶层人们的着装严重失序，必须尽快管制。而议会反对这一议案，担心若同意了国王的提案，将有可能使议会的立法权屈服于王权。[1]鉴于前朝伊丽莎白女王的遭遇，新即位的詹姆士一世深知要议会通过新的抑奢法难度极大，于是以退为进，要求议会废止以前所有管制服饰的法令，但是要承认国王发布文告管制人们着装的权力。结果议会通过了一项法令，仅仅承认前者，标志着抑奢法这一套严格的禁止体系最终失败了。[2]

第二节　服饰与年龄差别的变化

近代早期的英国妇女虽然在家庭中从属于丈夫，但是对孩子、仆人以及学徒还是具有权威的。因为大多数仆人是未成年男女，在家庭中的地位相当于孩子，年龄差异在个体家庭中体现得很明显。从女仆、男仆和年轻人的着装看，到18世纪，英国社会中主人和仆人、父母与子女之间的权威与服从关系有所松动。

一、女仆购买新装弱化依附关系

在18世纪的精英阶层看来，女仆是劳动者阶层中着装最奢侈浪费、最叛逆的一个群体。在当时的小册子、杂志、小说和剧本

---

[1]　Vincent. *Dressing the Elite* . p.119.

[2]　Harte. *State Control of Dress and Social Change in Pre-Industrial England*. p.149.

中，人们激烈地谴责女仆太过奢侈和时尚的着装。他们的批评主要集中在三个方面。第一，女仆总是穿戴高于其社会地位的服饰，使主人无法通过服饰展现其优越地位。[1] 第二，女仆为了获得昂贵的时装，总是花光了所有积蓄，于是不断要求增加工资，甚至变得不诚实、道德败坏。第三，女仆的时髦着装引领着劳动者阶层的竞相模仿攀比之风，这种风气不断蔓延，无论对个人的道德还是对国家的发展、贸易的平衡等都是巨大的威胁。贵族家庭女仆的着装，经常被中间阶层家庭的女仆效仿，伦敦的女仆又被地方各郡的女仆效仿。而普通劳动者，则纷纷效仿各级女仆的着装。如此一来，女仆成为奢侈、懒惰、安逸等不良之风的带动着，这种风气在社会下层蔓延开来。[2]

关于 18 世纪精英阶层对女仆着装的批评，史学家们基本持赞同看法。甚至还有学者认为，女仆在扩大时尚商品的需求市场过程中，起着决定性的作用。他们有利于 18 世纪后半期消费市场的繁荣，刺激了英国的工业革命。"有文字材料可以证明，市场的扩大，首先发生在家内女仆阶层中，然后扩展到工业工人，最后到农业工人"[3]。

主人一般会为女仆免费提供食宿以及煤、木炭、肥皂等日常必需品。与男仆不同的是，女仆很少有机会获得制服。这一方面给她们造成了一定的经济负担，但另一方面也使她们在着装上比

---

[1] Daniel Defoe. *Everybody's Business, Nobody's Business*. London,1725. p.4. （http://galenet.galegroup.com/servlet/ECCO）

[2] John Styles. *Involuntary consumers? Servants and their clothes in eighteenth century England*. Textile History, vol.33, no.1 (2002), p.9.

[3] N. McKendrick. *The Commercialization of Fashion*. In :N. McKendrick, J. Brewer and J.H. Plumb, eds. *The Birth of a Consumer Society*. Bloomington : Indiana University Press, 1982. p.60.

男仆有更多的选择自由。约翰逊抱怨，"女仆必须自己买衣服，这耗费了她们很大一部分工资。虽然她们的工作并不比男仆轻松，但实际的收入却比他们要少"。[1] 笛福则尖锐地指出，"应该为女仆提供正式的制服，以限制她们过于奢侈的服饰。"[2]

　　约克郡的罗伯特•希顿（Robert Heaton）（1726—1794），在1768—1792 年间，详细记录了他的女仆如何花销工资。[3] 据此可以得知女仆购买的服饰大部分是新的，而且她们在购买过程中拥有自主选择权。在希顿的账簿中，经常出现"为她支付如下商品"这样的条目，表明希顿经常为他的女仆付账。女仆的工资相当有限，她们去当地零售商那里购买小商品，记在主人的账上。从希顿的记录中，可以看出女仆们购买的物品是多种多样的，其中服饰占绝大部分。也许他对女仆如何花费工资作了一些大的限制，但不太严格。因为他有时甚至鼓励女仆在节日里去集市尽情消费，也允许她们透支自己的工资。而他记账的主要目的，一是为了明确他需要为女仆支付多少钱给零售商，二是为了明确女仆们在除去工资之后，是否还欠他的钱。

　　据希顿的记录，大部分女仆并未将工资储存起来，而是花得一干二净，甚至还以主人的名义在零售店记账，拖欠主人的债务。希顿一般会在雇佣期满一年的时候结账一次。在他为 14 名女仆的

---

[1]　G. B. Hill ed. *Boswell's Life of Johnson*. Oxford: Claredon, 1917, p.217.（http://www.archive.org）

[2]　Defoe. *Everybody's Business*. Nobody's Business, p.15.

[3]　希顿是约克郡一个中等毛料商，在十八世纪七八十年代每年销售价值约 1000 英镑的毛料。他允许女仆们耗费大部分工资在服饰上，而且她们可以自由地选择购买何种服饰。在 18 世纪后半期，从地方零售商的账簿中，亦可以看到贝德福特郡和汉普郡的女仆，与希顿的女仆具有相似的消费习惯。因此，希顿关于其女仆消费状况的记录，具有一定的典型性。参见 Styles, "Involuntary consumers? Servants and their clothes in eighteenth century England", pp.9-21.

32 次结账中，有 22 次是女仆欠他的钱，居然有 4 次，女仆欠他的钱是年薪的 1/3！[1] 希顿让透支事件屡次发生，表明他并不是完全不赞同女仆们的奢侈浪费行为。在详细记录 28 名女仆的账单中，86% 的花费是用来购买服饰、布料和修补服饰。

在女仆的所有衣服中，长袍的花费是最多的，占 44%。28 名女仆中，有 21 名在工作期间购买了一件或几件长袍。有些长袍是工作时穿的，由相对便宜的毛料制成。还有一些是由棉布或亚麻布缝制而成，质地更加柔软，色彩相当艳丽，主要是在非工作日穿的。亚麻布或棉布每码需要 3 先令，毛料每码只需 2 先令，而长袍一般需要 7 码布才能制成。一件亚麻布或棉布长袍需 21 先令，会耗费女仆很大一部分工资，堪称奢侈品。[2]

内衣是凸现女性身体轮廓的重要服装，在 18 世纪非常流行。有些内衣是靠昂贵的鲸骨支撑起来的，一般只有富裕的家庭才购买。但是希顿有 6 名女仆购买了新鲸骨内衣，其花费在 16—24 先令不等。还有 8 名女仆买的是较便宜的内衣，旧鲸骨内衣或皮革内衣。[3] 女仆在内衣上的慷慨花费，表明她们不但注重外表的修饰，也关心整体气质的提升。

如果说为了显示独特的女性魅力，长袍和内衣都过于昂贵的话，相对便宜的小饰品是更实际的选择。饰品主要包括手帕、围巾、围裙、帽子，袜子、缎带、丝带等，其中手帕和围巾占的比例最大。如同长袍一样，饰品既有简单实用的，也有昂贵时尚的。

[1]　Styles. *Involuntary consumers? Servants and their clothes in eighteenth century England.* p.13.

[2]　Styles. *Involuntary consumers? Servants and their clothes in eighteenth century England.* p.14, Table 2.

[3]　Styles. *Involuntary consumers? Servants and their clothes in eighteenth century England.* p.14.

两者价格差距很大，普通围巾只需 9 便士，而时尚的需要 3 先令。亚麻布和棉布质地的白色手帕和围巾，能给人留下洁净的印象，深受女仆欢迎。

从长袍、内衣、手帕和围巾看来，女仆购买的服饰分昂贵时尚的和便宜平淡的两类。一类在特殊的公开场合穿着，另一类则在日常劳作中穿着。当然，希顿的女仆有时也会得到希顿妻子的赠礼，包括她穿旧了的服饰。这些一般不会出现在账簿中，只有当这些礼物不是免费赠予时，希顿才有记录。1778 年，女仆萨拉·厄恩肖（Sarah Earnshaw）用 19 先令购买了希顿妻子的黑色长袍。[1] 虽然无法确知女仆有多少机会得到主人赠予的服饰，但她们依靠工资和记账，完全可以为自己购置一些时尚服饰，并不一定在着装上依赖于主人的馈赠。

女仆获得新服饰的渠道比较多样化，大部分是从附近零售商店购买成衣、饰品和鞋子等。因为主人希顿在附近小有名气，信用度颇高，她们只需要记账就可以买到心仪的服饰。有时，女仆会带着薪水去较远的集市购买服饰。1769 年玛丽·康斯坦丁（Mary Constantine）去基斯里买了一双木屐，1790 年萨拉·希（Sarah Heaton）顿去哈利法克斯买了一件新长袍。另外，有 5 名女仆从小商贩手里买了小饰品。[2] 当然，除购买成衣外，女仆们还会自己购买布料，请当地的成衣匠为其缝制衣服。而一些比较简单的服饰，如手帕、衬裙、袜子、帽子等，她们会自己剪裁和缝制。

纵观希顿对其女仆消费状况的记录，可以证实 18 世纪一些道

---

[1]　Styles. *Involuntary consumers? Servants and their clothes in eighteenth century England.* p.17.

[2]　Styles. *Involuntary consumers? Servants and their clothes in eighteenth century England.* p.17.

德批评家对女仆的指责和非议，有些是符合事实的，也有些是带有偏见的。首先，的确有女仆为了购买时尚服饰，不惜花费全部工资，甚至向主人借贷。希顿的大部分女仆，经常在附近服装零售店记账。她们购买的服装和饰品中，有一部分质地优良、价格昂贵的，亦另有一部分是质地较差、价格低廉的。依靠工资和借贷购买新装，使女仆不必依赖于主人的赠予，有了更多的选择自由。

女仆不思积蓄，却热衷于购买新服饰。这看似奢侈，其实在一个漂亮服饰还比较昂贵的时代，购买服饰可以称得上是一种投资。女仆们购买的时尚长袍、手帕、围巾等，可以通过转售或典当变成现金。尤其是在结婚生子后，贫苦人家一般很难余下钱来为妇女添置服饰，而她们当女仆时购买的服饰，仍可以在结婚的最初几年穿着。而且女仆流动相当频繁，对有些年轻的女仆来说，穿得漂亮有利于去一个更富裕的家庭从事服务工作。对年龄稍长到了择偶结婚年龄的女仆来说，时尚新装是吸引优秀男士注意力的必备武器。若穿上漂亮的服饰，有利于找到一个可靠的丈夫，女仆宁愿花费所有的积蓄。因此，针对女仆花钱甚至借贷购买新装的行为，当时道德批评家的谴责是带有偏见的。

道德学家谴责女仆的另一条是，她们在着装上模仿主人，使主仆之间的着装差异不明显。的确，女仆们会购买一些质地较好的服饰，如印花棉布或亚麻布长袍和丝绸制成的软帽。而这些与希顿的妻子、女儿的服饰极为类似。正如一位德国游人莫里茨（Moritz）在 1782 年游览牛津郡时记载的那样，"妇女们不论高低贵贱，全都戴着帽子。她们在节日的盛装使我很难辨认，究竟谁是主人，谁是仆人。"[1] 但这并不一定表明，女仆们是在直接

---

[1] C. P. Moritz. *Travels chiefly on foot, through several parts of England in 1782*. London, 1795, p.159.（http://galenet.galegroup.com/servlet/ECCO）

模仿主人的着装，只能说明这些质地的服饰在当时当地已经流行开来。因为女仆比主人拥有更多的自由，她们要为主人家准备生活必需品，经常往返于集市和家里。在集市上、节日庆典中，闲聊过程中，她们都有机会接触到更多时尚的元素。

即使附近的零售商信息比较蔽塞，像哈利法克斯这样的大市镇中的服饰商，亦可以向希顿的女仆们传达时尚的信息，距离她们居住地仅有六英里的科尔恩也可以让她们大饱眼福。因此，可以认为女仆是在模仿其他人的时尚着装，但并不一定就是模仿她们的主人。随着市场的扩大和信息流通的加快，即使是贫穷的女仆，也可以在商店或大街小巷内捕捉到时尚的信息。

除了像希顿这样殷实之家的女仆外，还有一些女仆在贵族或乡绅家里从事服务工作。她们的着装仍需要体现主人的身份和地位，主人往往会对其服饰制定严格的标准，要求她们穿得更加得体。为了维持这些标准，主人经常会大方地赠送一些漂亮服饰给女仆。[1] 但是，在贵族和乡绅家庭服务的女仆，毕竟只占女仆的一小部分，她们的着装状况并不如广大中等阶层家庭的女仆那样具有代表性。

在中间阶层家庭中从事服务工作的成千上万女仆中，大部分都是来自贫苦家庭。而这项工作不但能为她们免费提供食宿，而且有薪水供她们自由花销，包括购买一些漂亮而时尚的服饰。虽然无法确知女仆的着装对其他劳动妇女的服饰产生了多大影响，但至少女仆本身对新服饰的需求，有利于时尚的新商品市场的扩大，为18世纪英国的消费热潮注入了一股力量。更为重要的是，女仆购买了新装，有利于在着装上摆脱对主人的依附关系，获得

---

[1] Amanda Vickery. *The gentleman's daughter: women's lives in Georgian England.* New Haven: Yale University Press, 1998. pp.144-145, 184, 192.

更多表现自我、追求幸福的自由。

二、男仆出售制服挑战主人的权威

在近代早期，男仆的报酬很少以现金方式支付，而是一些日常生活必需品，衣物在其中占很大比例。服饰作为一种经常穿戴在身上的记忆符号，随时提醒着仆人，他是受恩惠于主人的。[1] 有的主人还为仆人制作专门的制服，强调仆人的附属地位。贵族为体现其富有和特权，乐意给男仆分发质地优良、做工精细的制服，带领他们走亲访友。贝德福特公爵家的男仆都穿着橙色制服，用的是镀金纽扣，制服上还饰有蕾丝花边。[2]

有些主人无视抑奢法对仆人着装的限制，赠予男仆质地太好的服饰，扰乱了等级秩序。在抑奢法中，多次出现要求主人对仆人的着装负责的条款。如 1554 年抑奢法规定，"若主人对仆人不规范的着装不闻不问，将被重罚 100 英镑"[3]。1566 年王家文告对主人的义务作了更详细的阐述，"主人若明知仆人的着装违反抑奢法，却在 14 天之内不上报治安法官或解雇其仆人，将被罚款 100 英镑"[4]。然而，这些威胁似乎是徒劳无益的。在 1597 年王家文告中，女王不得不承认，"仆人的着装与上一代主人没有什么差异，等级界线比以前更加模糊了"[5]。

当然，仆人的奇装异服并不全部来源于主人的馈赠，还有一些

---

[1] Ann Rosalind Jones and Peter Stallybrass. *Renaissance Clothing and the Material of Memory*. Cambridge: Cambridge University Press, 2000. p.11.

[2] Ann Buck. *Dress in eighteenth-century England*. London, 1979. p.204.

[3] "An acte for the reformation of excesse in apparaile", in The statutes of the realm, vol.3, p.239.

[4] "Enforcing statutes of apparel", in Hughes and Larkin ed. Tudor Royal Proclamations, vol. II , p.280.

[5] Hughes and Larkin, ed. *Tudor Royal Proclamations*. vol. III , p.175.

是在二手市场上用旧制服交换而来。在手工工场和机器大生产之前，服装是一种比较昂贵的消费品。价廉物美的仆人旧制服，在旧衣商和当铺很受欢迎。所以，仆人通常会将穿旧了的制服拿到二手市场上，换成现金或其他款式的服饰。制服象征着仆人从属于主人，仆人出售旧制服的行为，客观上是对主仆权威与服从关系的一种否定。

随着 18 世纪自由主义和个人主义思想的传播，仆人逐渐意识到制服是对其自由的限制，体现的只是其依附地位。仆人的觉醒，使他们对制服产生了强烈的抵触情绪。有些主人也意识到仆人更愿意穿自己购买的衣服，即使那衣服的质地和款式都赶不上制服。1756 年，一名伦敦人帮他的乡下好友物色男仆，在答复信件中直接提到男仆对制服的抵制。"我亲爱的先生：维斯（Vyse）跟我说他可以派一名男仆去帮您喂马，但是您最好不要指望他会穿得漂亮。因为现在没有男仆愿意穿制服，喂马者也是一样。"[1] 鉴于男仆对制服的抵触情绪，主人有时会向他们承诺，若他们工作出色，可以不穿制服。

男仆对制服的抵制，使大量制作精良的新制服流入二手市场。但是到 18 世纪下半叶，全新的仆人制服在英格兰二手市场上很难找到买家。因为此时普通劳动者之间产生了一种共识，要想赢得他人的尊重，首先必须拥有一件属于自己的衣服，即使它简单而破旧。1750 年布里斯托尔一份报纸上报道了一个因评论他人服装而导致严重后果的事件。在一个明媚的春天，两名穿着制服的仆人骑马去乡下踏青，途中遇到一名黑人与两位年轻女士在玩球。其中一名仆人轻蔑地说："这条黑狗怎么在跟如此漂亮的女孩玩游戏！"黑人听了反讽道："你比我更像一条狗，至少我还有自己的衣服穿，而

---

[1]　Quoted in Lemire,Second-hand beaux and "red-armed. Belles". p.405.

图 29　穿宽松长袍的"花花公子"
图片来源：Breward, The culture of fashion, p.121.

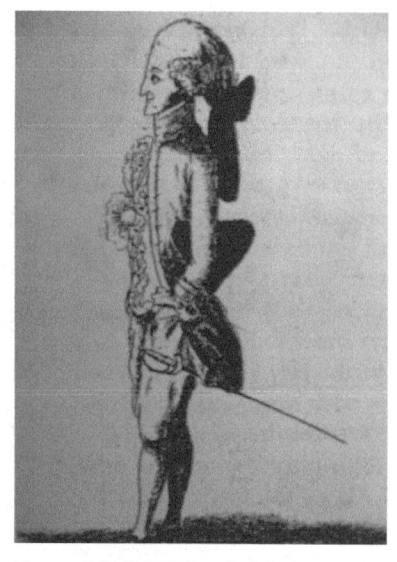

图 30　穿紧身衣服的"花花公子"
图片来源：Ashelford, The art of dress, p.147.

你只能穿你主人赐予的制服！"黑人的话激怒了仆人，招来两名仆人一顿拳打脚踢，不幸身亡。[1]

　　周围人鄙夷的目光更增添了男仆对制服的反感情绪，他们想方设法出售新制服。一些精明的批发商看准了制服这个巨大的市场，回收大量在英格兰滞销的制服，并将其远销海外。据梅休记载，罗斯马里大街的一位服装商，继承其父母留下的二手男装生意。这名商人从不回收仆人的制服，却知道"制服这类衣服都被运到海外了，例如荷兰和比利时。许多欧洲大陆的普通民众，并不知道这种价廉物美的衣服在大不列颠是仆人穿过的制服，穿上它不会觉

[1]　Bristol Weekly Intelligencer, June 15, 1750, quoted in Lemire, "Second-hand beaux and 'red-armed. Belles'", p.407.

得低人一等"[1]。

如果说男仆抵触制服是因为自主意识的觉醒，那么他们拒绝制服成为可能，主要得益于18世纪下半叶英国服装工业的发展。本土棉纺织业的发展以及手工工场生产的扩大，使柔软舒适的棉布成衣价格大大降低。男仆既支付不起裁缝店量身定做的新衣服，又不愿意穿制服或者二手服饰，却可以购买廉价的新棉布成衣。显然，棉布成衣不及制服那般剪裁精细、质地精良，也不像制服那样有很多昂贵的饰品。但是，廉价的成衣给男仆带来的是心灵的满足感和独立感。主人默许甚至鼓励仆人脱下制服，表明主仆之间的权威与服从关系在弱化。

三、青少年的着装违背父辈的权威

"光荣革命"后，英国贵族逐渐远离法国式的奢华服饰，崇尚简单自然的服饰。然而，有些年轻贵族并不像其父辈那样着装。一些赴欧洲大陆游学归来的"花花公子"们，在着装上仍保留着大陆宫廷的奢华风格。当时有一些讽刺画体现"花花公子"的穿着打扮，突出其女性化气质。"花花公子"一般有长长的假发，挂着系有流苏的文明杖，手里拿着一束鲜花。他们的衣服要么紧身短小，要么是宽松至极的长袍（见图29、30）。"花花公子"们的打扮，备受社会舆论的批评。此时英格兰已经建立独特的君主立宪制，许多英国人为他们的自由和民主感到自豪。他们认为若还像"光荣革命"以前那样，在着装上模仿欧洲大陆，是不热爱自由宪政、不热爱英格兰民族和国家的表现。"花花公子"总是被视为"一个威胁国家安全，不爱国不道德的群体。"[2]

---

[1]　Mayhew. *London Labour and the London Poor.* vol.2, pp.41-42.

[2]　Ashelford. *The art of dress.* p. 147.

图 31 模仿马车夫着装的贵族青年（1781 年）

图片来源：Lemire，"Second-hand beaux and 'red-armed Belles'"，p. 404.

还有一些年轻贵族模仿社会下层人们着装，也引起父辈的深深担忧。1739 年《绅士杂志》上刊登了一篇服饰评论文章，指责当时许多贵族家庭的子孙们背叛祖辈，模仿马车夫着装，掩饰其贵族身份（见图 31）。

现在有很多年轻的绅士们，着装非常古怪，穿得像他们的仆人，降低了自己的身份。杰修（Jehu）穿着一件舒适的外套，戴着一顶窄沿帽，系着一条彩色围脖，驾着一辆马车，驶过一条条大街。杰修的整个装扮，跟载客的马车夫几乎没有什么区别……我发现在时髦的年轻人中，的确有不少人像耶户这样着装。一顶窄沿帽，一件普通的衬衫，一条鹿皮裤和一条印度棉布围脖，是漂亮小伙子的必备服饰。[1]

年轻贵族在着装上挑战父辈权威，出身于社会中下层的平民子弟也不一定遵循父辈的种种规则，按照自己的意愿着装。激进的工匠弗朗西斯·普莱斯（Francis Place）（1771—1854），在他的自传中回忆起青少年时代身边伙伴的服饰。"当我还是一个小孩的时候，开始流行一种有金色帽带和流苏的圆帽。可是我

---

[1] Quoted in Lemire. "Second-hand beaux and "red-armed. Belles". p.403.

父亲说，只有羞于见人的小偷才戴那种圆帽。"[1] 普莱斯的这类回忆反映了当时就某些服饰，父辈与子女之间存在着代沟，子女并不一定完全按照父母的审美观着装。像普莱斯一样出身贫寒的小伙子，还会自创一些独特的服装和发型。

> 十五六岁的男孩一般留着垂肩的卷发，但是那些时髦的小伙子会将脸蛋两旁的头发，分层次地卷曲，最长的也就四英寸……这些小伙子的长筒袜通常是白色的，而且在膝盖处垂下一两块宽大的布条。[2]

将普莱斯的描述和图 31 对照，不难发现出身平民家庭的小伙子和一些年轻的贵族，在着装上非常相似。在一定程度上，年轻人作为一个整体，通过着装挑战父辈的权威。一些出身卑微的年轻人，依靠奋斗所得改善着装，日益新潮时尚，而一些出身高贵者带着些许玩世不恭，不按照父辈的规范着装，与平民子弟的装扮颇为相似。甚至还有一些经历大陆游学的"花花公子"，全然无视父辈着装的简约，固守着法国式的奢华矫饰风格。

第三节 服饰与性别差别的变化

一、妇女在抑奢法中角色的变化

抑奢法竭力维护社会各等级之间的地位差异，但是对性别差异的维护似乎显得松懈。大多数抑奢法仅仅针对男性，自亨利八世统治始至 1574 年，妇女的服饰几乎不受限制。即使在亨

---

[1] Place. *The life of Francis Place.* p.62.

[2] Place. *The life of Francis Place.* p.63.

利八世之前，也只有 1483 年法令提到仆人等一般劳动者的妻子应该怎样着装。对于妇女在大多数抑奢法中的缺失，哈特认为在 19 世纪之前，男性像其他物种的雄性一样喜欢炫耀自己，男装比女装颜色更鲜艳，款式更繁多，因此抑奢法主要限制男装。[1]虽然哈特的说法不无道理，但是无法解释为何近代早期欧洲大陆许多国家的抑奢法，不但严格管制男装，而且对妇女的着装也有很多限制。要了解英国妇女的着装在 1574 年之前和之后所受限制的巨大差异，可以从妇女在公共领域中角色的转变寻找原因。

中世纪晚期妇女地位低下且尚未进入公共领域，即使不规范的服饰也不会造成多大的影响。就个人而言，妇女之间因父亲或丈夫不同而有社会地位的差别，妇女的着装偶尔会在对男性着装的管制中附带提及。但是作为一个集体，妇女完全淹没在她们的父亲或丈夫的身份之中，在抑奢法中妇女并没有被单独提到。为何妇女的着装不受限制，或许从英国教会对妇女的官方观点可以进一步了解。在各教区的教堂定期宣读的《婚姻之道》中，有这样一段：

> 女人乃软弱之造物，上帝未赋予她们同样的力量与恒心，因此，同男人相比，她们易于烦躁，易受各种软弱和意向的支配……因为女人是弱者，所以她们更应该得到宽容和谅解。[2]

随着伊丽莎白一世统治地位的逐渐确立，威望不断上升，女王的服饰成为社会公众关注的一个重要对象。年轻的女王穿戴着剪裁精细、华丽无比的服饰，并饰以各种名贵珠宝，树立起威严的王权形象。因为国王是女性，其枢密院中亦不乏女性成员。

---

[1] Harte. *State Control of Dress and Social Change in Pre-Industrial England*. p.143.

[2] 基思·赖特森. 英国近代早期的社会等级. 209 页.

她们虽然并不直接参与国事，但是妇女开始进入公共领域中。虽然这极少数女性并没有改变父权制社会女人附属于男人的现实，但是对原有的社会性别秩序确实是一个不小的冲击。1574年的一份王家文告中，将全社会的妇女归入一种单独的群体，开始对处于各个社会等级妇女的服饰进行管制。妇女的着装依其丈夫的社会地位而定，丈夫被允许穿戴什么样的服饰，被禁止穿戴什么样的服饰，对她们同样有效，如表 2 所示。

虽然直到 20 世纪初期，英国妇女才获得选举权，但是这份文告无意中为妇女摆脱附属地位迈出了一小步。这份文告像其他文告一样，并没有取得多大的实际效果，这恰恰从反面证明 16 世纪末期英国妇女取得了更大的着装自由。

表 2 1574 年王家文告对妇女服饰的管制

社会等级	着装特权
公爵、侯爵、伯爵的夫人	金丝绒织物和黑色貂皮大衣
子爵、男爵、嘉德骑士、枢密院成员的夫人	银丝绒织物、闪亮绸缎、上等丝绸、进口的毛纺织品、天鹅绒、黑色麝猫皮制成的服饰，且衣服、帽子、鞋带、帽带、袜带上可以嵌有金银珍珠
年收入达到 100 英镑者的妻子	普通丝绸、绸缎、锦缎、羽纱、波纹绸制成的长袍或长裙
年收入达到 40 英镑者的妻子	羽纱、波纹绸制成的内衣或衬裙，但不能是猩红、深红或蓝色

资料来源：Hughes & Larkin (eds.), Tudor Royal Proclamations, vol.2, p.385.

二、女扮男装对性别秩序的冲击

1620 年 1 月，詹姆士一世命令伦敦的教士们，在讲坛上强烈抨击伦敦大街上女扮男装的行为。关于此道命令，在约

图 32　在男装店的两名妇女

图片来源: Anon, Hic mulier: or, The man-woman: being a medicine to cure the coltish disease of the staggers in the masculine-feminines of our times, London, 1620, 封面。

翰·钱伯里安（John Chamberian）1620 年 1 月 25 日写给达德利·卡尔顿（Dudley Carleton）的信件中，有详细的记载。

昨天，伦敦主教召集本市所有教士。主教接到国王的一道命令，即所有教士在进行道德训诫时，应强烈谴责傲慢无礼的妇女们。这些妇女戴着宽檐帽，穿着男士外套，头发剪得很短。总之，她们穿得像男人。国王表示，若教士们无法改变妇女们这种恶习，他将会采取另外的措施来制止。事实上，这个世界的秩序已经大变了，只有上帝才知道这种恶习能否改变。[1]

同年 2 月，两本小册子的发行，激起了当时道德学家们对装扮异性行为的激烈讨论。这两本小册子分别为《男人似的女人》以及《女人似的男人》。前者的封面颇耐人寻味，即两个女人在本属于男人的服装店，其中一个正在试戴一顶男帽，另一个则将她的长头发剪成男式发型（见图 32）。该书作者抨击女性戴宽檐帽、穿男式外套、佩剑、穿裤子、剪短发等着装行为，对女扮男装的现象深为忧虑。

***

[1]　Quoted in Breward, T*he culture of fashion*.p.95.

这种女扮男装的现象，就像瘟疫一样传播速度极快，已经蔓延到社会各个角落。英格兰的女人无论高低贵贱，年龄大小，也不论在首都还是乡下，都受到这股歪风邪气的影响。尤其是城市商人的妻子，受影响最深。她们头发较短，穿上的服装的颜色较深，身上到处散发着男性的味道。[1]

图 33　男扮女装者
图片来源: Anon, Haec-vir: or, The womanish-man: being an answere to a late booke intituled Hic-mulier, London, 1620, 封面。

从国王到卫道士，无不对当时社会的女扮男装现象深恶痛绝。

---

[1]　Anon. *Hic mulier: or, The man-woman: being a medicine to cure the coltish disease of the staggers in the masculine-feminines of our times*. London, 1620, p.12. (http://eebo.chadwyck.com）

他们批评当时的女人穿得像男人，极其厌恶女人。但作为时尚的中心，詹姆士一世的宫廷内，朝臣的着装却女性化倾向相当明显。另一本匿名小册子《女人似的男人》，生动地揭示了这一点。[1]（封面见图33）然而作者对贵族女性化气质的批评很含蓄，并不像《男人似的女人》那样是激烈的谴责。这也许是因为男扮女装现象，无论是在宫廷还是在民间，都不会对现存的道德和社会秩序造成致命的威胁。

从这两个小册子截然不同的风格，可以看出当时社会对"女扮男装"和"男扮女装"的两种态度。"女扮男装"不但为政府所不能容忍，也是道德批评家们激烈谴责的恶行。而"男扮女装"则上至宫廷，下至农户，都被默许，顶多也只算得上是一种可以原谅的愚蠢行为，不值得惩罚，更不应该诉诸法庭。

事实上，女扮男装并不是詹姆士一世时期的特有现象。在伊丽莎白一世时期就有多位社会评论家谈到这种现象，甚至将其与道德败坏紧密联系起来。1587年，哈里森在他的《英国志》中，多次抱怨当时人在着装上缺乏正派得体、端庄稳重的气质。他如此评论穿得像男人一样的女人，"我在伦敦遇到一些妓女，她们的打扮如此怪异，以至于我不能确定她们到底是男人还是女人"[2]。哈里森将打扮得像男人的女人说成是妓女，是因为当时人普遍将"女扮男装"与"不忠贞"联系起来。

在近代早期的英格兰，女扮男装不像男扮女装那样，很少被谴责为性变态，而是性方面无节制，即妓女。人们认为女人天生是一种具有强烈性欲的造物，需要严格的节制，必须从属于男性。因此，

---

[1] Anon. *Haec-vir: or, The womanish-man: being an answere to a late booke intituled Hic-mulier.* London, 1620. pp.1-11. (http://eebo.chadwyck.com)

[2] William Harrison, Georges Edelen, ed. *The description of England.* New York: Cornell University Press, 1968. p.147.

在父权制社会，管束和控制女性的身体，一直是男性统治者相当重视的问题。妇女若在户外闲逛，或谈话太多，都可能被认为不忠诚。无论开门还是张嘴，都有表达性欲的嫌疑。而一个正派的女人必须安静而忠贞、闭门不出。就像当时一位道德学家埃德蒙·蒂尔尼（Edmund Tilney）建议的那样，"一个女人要保持良好的声誉，最好的方式就是从不离开她的闺房。"[1] 当一个女人穿上男人的服饰，其实是在挑战男性的权威，表明她们想摆脱男性的控制。一旦她们摆脱了男性的束缚，便会由于缺乏自制力而在性行为方面堕落，沦为妓女。

当然，将穿男装的女性与妓女等同起来，并不是当时人的一种推论，也有一定的现实依据。近代早期伦敦吸引了一大批未婚的年轻女性，大部分是来自乡村，家境贫寒，到伦敦当女仆或从事纺织业。有些女孩为了在大街上免受骚扰和侵犯，将自己打扮成男性。也有一些女孩的确是因为经济压力，被迫从事性服务工作，穿上男装作为其提供性服务的标志。可见，一些下层妇女穿上男装是为了显示她们的脆弱和无助，唯一可以出卖的就是自己的肉体。而不像中间阶层的妇女，扮男装是为了表明其独立地位和清教信仰。

同样是女扮男装，中间阶层的妻子在教堂受到的只是严厉的训斥，而穷苦的女青年受到的惩罚要严厉得多。根据 1565—1605 年间，布莱德威和奥尔德曼两地的法庭记录，马克·本博（Mark Benbow）发现，的确有许多穿男装的妇女被指控为妓女。1575 年 7 月 3 日，奥尔德曼法庭记录了这样的一宗案例。多罗西·克莱顿（Dorothy Clayton）是一个未婚女人，不守妇道，穿着男装

---

[1]　Edmund Tilney. *A briefe and pleasant discourse of duties in mariage, called the flower of friendship*. London, 1587, p.24. (http://eebo.chadwyck.com)

出城。她委身于各种各样的男人，过着一种无节制的生活。对她的惩罚是，在星期五穿上男装，戴上颈手枷，站在城门口示众两小时。随后，将被送到布莱德威法庭接受进一步的审判。[1] 克莱顿因穿男装而被指控为妓女是无可厚非的，因为她的确不贞洁。但是，在法庭记录中，有些妇女因穿男装被怀疑为妓女，纯属子虚乌有。例如，1569 年，一位名叫约翰娜·古德曼（Johanna Goodman）的妇女，为了跟随她丈夫打仗，把自己打扮成一名男仆，结果被鞭打并扭送至布莱德威法庭。[2]

显然，教会和法庭对社会中下层妇女穿男装的训诫和惩罚，都是为了维护男性的统治地位。服饰作为一种文化符号，将男性和女性区分开来，其实同时也在强调男性的权威以及女性的服从。当女性穿上男性的服饰，是在挑战男性的权威，引起了男性的高度警觉。著名清教徒斯塔布斯不但反对人们跨越等级界线着装，也谴责跨越性别界线着装。他认为良好的社会秩序既需要保持贵族和约曼之间的差异，也依赖于保持男性和女性之间的差异。"服饰是我们区分男性和女性的一种明显标志，若穿上本属于异性的服饰，其实是在欺骗周围人。"[3]

那么，在近代早期的英国社会，究竟"女扮男装"是不是一种普遍现象呢？戴维·克雷西（David Cressy）依据法庭记录，发现装扮异性现象并没有道德批评家们描述的那般普遍，而且并非所有的女扮男装者都是道德败坏之人。那么，究竟女性在什么情况下会装扮成男性呢？受清教思想影响，一些中间阶层的妇女可能会剪短头发，穿上颜色较深的衣服，使周围人觉得她们像男人。

[1] Howard. Cross-dressing, the theatre and gender struggle in early modern England. p.420.

[2] Howard. Cross-dressing, the theatre and gender struggle in early modern England. p.421.

[3] Stubbes. *The Anatomie of Abuses*. p.112.

一些处于社会下层的妓女，为生计所迫，可能会穿上男装，以吸引她们的顾客，激起他们的性欲。也有一些女人穿上男装，纯粹是因为好奇，无聊地尝试而已。有些女人会因旅行、从军的需要而伪装自己。在 17、18 世纪荷兰的军队里，仅有一百多例女扮男装者，大部分都是因为丈夫在军队。近代早期的英国军队里也有类似的情况。[1]

总的说来，妇女装扮成男性，是想改变自身处境，获得本属于男性的一些权利和机会。而在男性统治者看来，女扮男装是女性在挑战他们的权威，于是借助教会和法庭对她们进行训诫或惩罚。对性别秩序的过分忧虑，使他们在"装扮异性"行为的处理上有着双重标准。当然，并非女性和男性着装无差异，就代表他们之间是平等的。关键问题是，近代早期人们在着装上将女性和男性区分开来，是为了强调女性从属于男性，而不是为了突出男性和女性各自的特征。性别秩序受到了一定的冲击，但女性作为一个等级从属于男性，仍是不争的事实。

近代早期人们着装的变化，反映了英国社会等级结构的变化。近代早期英国社会等级结构中，地位差别最显著的变化是乡绅、约曼和城市富裕市民集团的崛起。宗教改革过程中，亨利八世解散修道院，扩大和活跃了许多地区的土地买卖活动，地方乡绅获得大量土地。而乡村中占有或租种较多的约曼农，通过自身的辛勤劳动，也能维持较好的生活。城市工商业尤其是毛纺织业及海外贸易的发展，律师、教师、科学文化界专业人士等职业集团兴起，成为城市富裕市民。地产的转移和新职业的出现，使社会流动加剧，各社会分层的边缘更加模糊。等级界线的日渐模糊，在人们

[1]　Cressy. Gender trouble and cross-dressing in early modern England. pp.459-460.

的着装上充分体现出来。乡绅和城市富裕市民为提高社会地位，追求只允许贵族穿戴的服饰。有些约曼农比小乡绅更富有，其着装无论在质地、还是款式和颜色上，都胜过小乡绅。

年龄差别在近代英国社会也发生了很大的变化，父母的权威受到子女挑战，主人的权威亦受到仆人挑战。随着个人主义思想的兴起和传播，子女的自我意识增强，这在他们的着装上有所体现。他们不再完全遵循父辈的着装习惯，在贵族家庭，既有大陆游学归来的"花花公子"，也有模仿平民着装的过于简朴的青少年。同样，出身比较卑微的年轻人，也不一定按照父辈的着装方式穿戴。他们依靠自身的勤奋进取，往往比父辈穿得更时尚漂亮。主人或赠送服饰给女仆，或为男仆分发制服。服饰作为一种穿在身上的象征符号，随时提醒着仆人是依附于他们。然而到18世纪，随着大量廉价成衣流入市场，女仆依靠自己的工资可以购买新装，男仆也不愿意接受制服。仆人着装的变化表明，他们并不绝对服从于主人的权威，享有越来越多的自由。

性别差别的变化，也可以通过人们着装的变化反映出来。服饰本来可以区分男性和女性，但是近代早期出现的装扮异性现象，使男女着装的差异变得不明显。社会中下层的妇女装扮成男性，遭到教会的训斥甚至法庭的惩罚。而男扮女装的行为，只是被当作一种性变态的愚蠢行为，教会和法庭并不会干预。这一时期着装的混乱现象，表明性别秩序受到了一定的冲击。尤其是女扮男装弱化了男性与女性之间的权威与服从关系，引起男性统治者的高度警觉。但是，女扮男装的现象并不普遍，她们只是想改变自身处境，获得本属于男性的一些权利和机会。因此，女性作为一个等级仍然从属于男性，性别秩序并未发生根本改变。

反过来，服饰的变化进一步影响着社会等级结构的变化。由于社会流动的加剧，近代英国各社会分层的边缘相当模糊。人们不按照法令规定而着装，使等级界线更加模糊。当乡绅穿得像贵族，约曼穿得像绅士，仆人穿得像主人，又或者年轻的贵族穿得像平民，人们的等级观念在耳濡目染中被淡化。当然，无论社会各等级人们的服饰怎样变化，都受到当时社会思想观念的影响。

第 5 章
服饰与英国社会思想观念的转变

工业革命之前，受生产能力限制，漂亮时尚的服饰数量有限，价格昂贵。在现代人看来是生活必需品的漂亮服饰，对近代早期社会中下层人们来说，却是奢侈品。因此，当时社会关于服饰的种种争论，总是围绕着"奢与俭"展开。随着农业剩余产品的增多和商品经济的发展，16世纪英国社会兴起奢侈之风，人们竞相追求时尚漂亮的服饰。进口的奢侈服饰导致大量黄金外流，不利于国民财富的增长，重商主义者和清教徒为抑奢奔走呼号。清教的抑奢思想未能抑制人们对奢侈服饰的追求，甚至部分清教徒为提高社会地位，也穿戴奢侈服饰。不过，清教徒的抑奢观念，被18世纪下半叶的中间阶层援引，成为他们抨击贵族统治、要求参政的有力武器。在17、18世纪之交，英国本土出现大量仿制的奢侈服饰，急需开拓海内外市场，崇奢观念应运而生。崇奢观念大大鼓舞了社会中上层妇女和平民的消费热情。贵妇依然打扮得花枝招展，体现其丈夫或父亲的高贵身份和地位。在服饰价格普遍下降的情况下，平民家庭一旦收入有所增长，一般都会添置时尚漂亮的服饰，以赢得周围人更多的尊重。

第一节　服饰与抑奢观念的传播

一、16 世纪奢侈之风的形成

中世纪晚期，英格兰的农业生产获得稳步增长，到 16 世纪增长趋势明显加快，产生了大量农业剩余产品。贵族阶层获取的农业剩余产品进入市场，大多数用于换取饮食之外的日常所需，如华服帷帐、甲胄兵器、鞍具车饰、室内陈设之类的奢侈品，以显示其特权身份。[1]恰逢此时，都铎君主特许的贸易公司和海盗，为英格兰带来大量海外奢侈品。贵族的服饰除城市行会生产的上等毛呢制品外，多是进口的金银丝绒、天鹅绒和上等丝织品，色彩鲜艳且配饰昂贵。

除空前繁荣的奢侈品市场之外，攀比风气也刺激了贵族阶层的购买欲。都铎时期，贵族阶层内部分化加快，攀比之风盛行。新获得爵位的贵族希望穿上奢侈服饰，向众人显示其提高了的身份和地位，而没落的骑士为了维持体面的生活习惯，也竭力购买奢侈服饰。乡绅虽然没有爵位，但是可以担任治安法官或议会议员，在乡村社会行使着相当大的权力和权威。为了保持绅士形象，在地方社会树立权威，乡绅们的穿着也相当考究。都铎贵族具有强大的购买力和购买欲，引领着 16 世纪英国社会的奢侈风潮。

流通到市场上的农业剩余产品，养活了城市中不再需要自给衣食的工业和商业人口。大商人、政府官员、教士、医生和律师等，一般与乡村贵族有着密切的家族联系，在城市中受到良好的教育，或者在贸易公司当学徒。他们是城市的富裕市民，虽无地产，却有

---

[1]　吴于廑. 历史上农耕世界对工业世界的孕育. 载: 世界历史. 1987 年第 2 期. 第 5 页.

足够财力维持乡绅那样的生活方式。[1] 宗教改革后，大批修道院被关闭，土地市场异常活跃。一部分富裕市民到乡村购买土地，回归到曾经养育过他们的乡绅阶层中。

随着经济实力的增强，富裕市民的服饰品味不断求新求变，成为奢侈之风的主要推动者。新奇华丽的服饰不仅带来感官满足，而且能彰显财富、身份和社会地位。城市通常是市场网和运输网的集中站，也是货品的分销集中点，许多进口奢侈品都集中在大城市，比起乡绅阶层来，富裕市民购买奢侈品更加便利。[2] 富裕市民借助经济实力和地域优势，模仿贵族阶层的着装，穿上曾经只有贵族才能穿的天鹅绒和上等丝绸，佩戴贵族常戴的珠宝首饰。从此，奢侈服饰不再被社会极少数上层人士专享，开始普及到富裕市民阶层。出身于富裕市民家庭的妇女也是奢侈风潮的推波助澜者，因其着装体现的是丈夫的财富和地位。家庭收入的增长，使她们有能力购买心仪的新潮服饰。[3]

农民阶层获取的那一部分农业剩余产品，一般交换成除食物外的生产生活必需品，如服饰和盐铁等。比起果腹的食物来，服饰对普通农民本非刻不容缓的需求，更无须言精美服饰。直到 15 世纪，粮食仍占去农民绝大部分分配所得，耗去农民收入的 80%。[4] 到 16 世纪，剩余农产品增多，农民对日用品的有效需求增大，购买力也有所增强。农民的生活性消费水平提高，日常生活更加依赖于市场，

[1] Alan Everitt. *Social Mobility in Early Modern England.* Past and Present, No. 33, 1966. pp.70-72.

[2] Weatherill. *Consumer Behaviour and Material Culture in Britain.* pp.84 － 85.

[3] Alan Hunt. *Governance of the Consuming Passions: A History of Sumptuary Law.* London: Macmillan, 1996. p.321.

[4] See C. M. Cipolla. *Before the Industrial Revolution: European society and economy, 1000-1700.* London: Methuen, 1993. p.24, Table 1.7.

物质欲望随之膨胀，成为奢侈之风的追随者。

　　约曼拥有较大块耕地，从商品化的农业生产中获得收入。他们生活富有，享有好的住宅，在闲暇时穿着绸缎、锦缎或波纹绸制成的衣服，俨然小乡绅。当然，金银丝绒、丝绸、上等毛呢和珍贵珠宝，仍是大多数农民一生都难以满足的奢望。一部分人在奢侈服饰的诱惑下，不惜铤而走险，偷盗抢劫漂亮服饰。而一些小商人、仆役、工匠、学徒等，身处充满物质诱惑的都市，比下层农民更容易走向犯罪的深渊。王国法令中多次提到，"那些沉迷于昂贵服饰的臣民，有的抢劫，有的敲诈勒索他人钱财，就为了去购买漂亮衣服"[1]。王家文告中亦有类似评论，"那些本来处于社会较低层的民众为了穿上漂亮衣服，甚至拦路抢劫和偷盗"。[2]

　　16 世纪英国社会兴起的奢侈之风，大大冲击了尊卑有序的社会等级制度，使各等级之间的差异不明显。当时统治者极为担心奢侈之风威胁到等级秩序，颁布了一系列抑奢法。1533 年抑奢法指出，"服饰的不规范将导致良好社会政治秩序的瓦解，而这种秩序是依照人们的财产和社会地位确立下来的"。[3] 在伊丽莎白一世发布的王家文告中，也多次强调服饰区分等级的功能。"华丽的服饰一直是社会上层人士的标志，但许多社会地位相对卑微者甚至穿得比富人还漂亮"，这种不规范的服饰使得"贫富不等的人之间的区别比较模糊，是对社会等级秩序的一种巨大威胁"[4]。

　　奢侈之风除了瓦解身份等级制度之外，还会导致国家和个人的贫困。虽然 16 世纪英国的毛纺织业获得飞速发展，但是堪称奢侈

---

[1]　The statutes of the realm, vol.3, pp.8,121,179.

[2]　Hughes and Larkin ed. *Tudor Royal Proclamations*. London, 1969, vol.3, p.175.

[3]　The statutes of the realm, vol.3, p.430.

[4]　Hughes and Larkin ed. *Tudor Royal Proclamations*. vol.2, p.278; vol.3, p.174.

品的服饰，大都仍依赖于进口。重商主义者认为，本国生产的必需品与外国进口的奢侈品有着本质的区别，后者造成国内黄金外流，不利于贸易出超的形成和国家财富的增长。若乡绅、约曼和富裕市民都穿上从外国进口的服饰，其实破坏了国内的工业生产，是一种道德败坏的行为。个人若过分沉迷于华丽的服饰，会陷入财务危机。1510 年抑奢法提及"成本高昂的服饰，对个人和国家财产是一种极大浪费，有可能使整个国家陷入贫困"[1]。1574 年一份王家文告指出，"对服饰的过度消费，不但导致国内很大一部分财产流失，而且使年轻绅士挥霍浪费，无所作为，他们甚至卖掉父母遗留下来的土地，以换取华丽的服饰招摇过市，有的年轻人还因此陷入债务危机"[2]。

农业生产的增长和商品经济的繁荣，使 16 世纪英国社会风尚发生了改变，奢侈之风盛行。16 世纪新教思想的传播，进一步推动了奢侈之风。新教改革者宣称，所有基督徒都应从罗马天主教会的束缚中解放出来。无论在思想意识上，还是在实际的日常生活中，都应获得基督徒真正的自由。这就包括摈弃荒谬的天主教神学理论，废除迷信般的宗教仪式，摆脱天主教会对人们的饮食、工作和日常行为的种种约束。然而，社会各等级人们对奢侈品的渴求，不但不利于国民财富的增长，而且破坏了社会等级秩序，使服饰反映身份的功能减弱。因此，奢侈之风受到当时重商主义者、道德学家和清教徒的猛烈抨击。其中，清教徒的抨击最为激烈。

二、清教徒的抑奢观念

英国内战后，清教教会援引加尔文的一整套服饰观，对人们的

[1]　The statutes of the realm, vol.3, p.8.
[2]　Hughes and Larkin ed. *Tudor Royal Proclamations*. vol.2, p.381.

着装进行干涉。他们固守加尔文的信念，即"包括管制服饰在内的习俗改革，是为了使更多人过上一种有德行的生活。即使会有人鄙视、嘲笑甚至怨恨，也不能阻挡我对这个时代的改造。"[1]

加尔文认为人必须穿衣服，但是不应该穿奢侈的衣服。根据《圣经》记载，衣服是上帝赐予人类的礼物。在上帝将亚当和夏娃驱逐出伊甸园之前，用兽皮为他们制作了衣服。加尔文认为，上帝为我们的始祖设计了兽皮服饰，是想让他们看到自己的卑劣，正如他们曾经赤裸相对那样，兽皮服饰更能提醒他们是有罪的。既然衣服是为了掩盖原罪而产生的，它不仅仅具有实用性，还能反映人类邪恶的一面。因此，要体现正派与端庄，必须在着装上注意节制和谦虚。[2]

对于清教徒来说，在服饰的花费上有所节制，是一种重要的美德。因此，他们支持一种近乎禁戒的着装方式，坚决反对沉湎于奢侈服饰。真正基督徒的生活应该是节俭的，在穿着上能抵制种种诱惑，甘于穿上便宜的衣服。当一个人穿上漂亮而华丽的衣服，其实是鄙视上帝，也是违背自然规律的。"当你花费很多精力打扮自己时，应该感到羞耻，因为动物尚不如此。同时，人们应该为自己身上找不到一件廉价衣服而惭愧。"[3]

然而，加尔文所主张的节制与谦虚，并不代表人们都像教士一样，无论职位高低都千篇一律的朴素。世俗的人们应该按照自身所处的社会等级规范着装。

[1]　M. Beaty and B. Farley, eds. *Calvin's Ecclesiastical Advice.* Edinburgh: Westminster John Knox Press, 1991. p.84.

[2]　John Calvin. *Institutes of the Christian religion, Translated by John Allen. Philadelphia: Presbyterian board of Christian education*, 1928, vol.2, p.295.（http://www.archive.org）

[3]　M. Beaty and B. Farley, eds. *Calvin's Ecclesiastical Advice.* p.85.

　　现在急需节制俗教徒的着装，平民和普通人都追求过分精美的服饰。正如古语所言，傲慢而自负的心灵，停留在粗俗而普通的服饰内；而真正谦恭的心灵，潜藏在质地优良的亚麻布和高贵的紫色衣服里。就让人人都在自己的位置，安分守己地待着。无论是穿得寒酸还是华丽，都应该记住，上帝赐予我们的一切是为了生活，而不是为了获得奢侈品。[1]

　　不论是贫穷还是富有，人人都应该养成一种懂得节制的习惯。当我们一贫如洗时要有足够平和的心态去忍受和适应，正如在享受富足的时候要懂得节制一样。加尔文认为当一个人因贫穷而急躁不已时会自惭形秽，急切的渴望得到华丽漂亮的衣服来装点自身。然而对富有的人来说，若没有平和的心态，不懂得节制，后果更加严重。"若一个人的财富足以让他维持奢侈的生活，他一般都会以享美食、穿华服、住豪宅为乐。最好在各方面都超越他的邻居，并以自己的富足为荣。"[2] 其实这些奢侈的行为是极度自私的，他们对饥寒交迫的穷人冷酷无情。没有人还会说，我穿上奢侈的服饰并不伤害任何人。但富人之所以富裕，往往是因为剥夺了穷人，如果一个人穿上太昂贵的服饰，他的浑身上下都浸染着穷人的血汗。[3]

　　加尔文认为，尤其女性在着装上要表现得谦虚。女性通常过于渴望穿上优质的服饰，并在人前人后炫耀。很多女人害怕晒伤皮肤而不敢接受阳光的沐浴，甚至为了优雅而厌恶食物。她们的普遍心态是，"噢！那个女人穿着一件漂亮的裙子，是用什么布料做成的，另一个女人的衣领是怎样的。而且人家不仅仅是在节假日，每天都

---

[1]　Calvin. *Institutes of the Christian religion.* vol.2, pp.296, 437.

[2]　Calvin. *Institutes of the Christian religion.* vol.2, p.436.

[3]　M. Beaty and B. Farley, eds. *Calvin's Ecclesiastical Advice.* p.86.

穿得这么漂亮……难道我就不该拥有这一切吗？"[1]

那么究竟为何女性会如此关注自己的穿着打扮呢？要么是想吸引男性的目光，要么就是孤芳自赏。清教徒反对"女为悦己者容"，认为真正忠诚的已婚妇女不需要做太多事来吸引丈夫。她只需要待在家里，修身养性即可。而妇女在性方面是否忠于她的丈夫，从衣着打扮就能看出端倪。妓女为了激起男人的性欲，往往穿得很艳丽，并化上浓浓的妆。贞洁的女人在穿着上应该与妓女截然不同，谦虚简朴是一个高尚的女人独特而持久的饰品。[2] 一个女人在穿上五颜六色的衣服的同时，其实脱下了自己的高尚与贞洁。

为使女性着装得体，清教徒提供了许多实际的建议。虽然《圣经》中并没有禁止人们佩戴珍贵的珠宝首饰，但是珠光宝气的人应受到谴责。不必要的首饰容易激起虚荣心，忠诚的妻子应尽量少地佩戴首饰。至于香水，也要有所节制。不能擦得太浓太频繁，因为一个一直以来闻起来很香甜的人，实际上并不香甜。对于女人的头发，清教徒尤其有详细的建议。在上帝眼中，男女是平等的，但是在实际生活中，男人服从上帝，女人服从男人。男人和女人之间这种不同等关系，应该在着装上有所体现。女人应该将头遮盖起来，若一个男人盖住自己的头，是将自己置于上帝指定的位置之下。女人戴上帽子，既表明服从男人，又能将她的头发遮盖起来，以免秀发激起男人的性欲。清教徒认为女人的头发太漂亮，有可能招致男性犯罪。因此，他们坚决反对女性卷发。

对于男性的着装，清教徒提出的限制要少得多。他们最忌讳的是男人穿得像女人，留长发，用化妆品，都被认为是偏女性化。天

---

[1]　Graeme Murdock. *Calvin, clothing and the body.* Proceedings of the Huguenot Society of Great Britain and Ireland. vol. 28, no.4 (2006), p.488.

[2]　Murdock. Calvin, clothing and the body. p.488.

主教教士是清教徒批判得最为激烈的男性群体。宗教改革后，英国国教教士仍保留着一些天主教的传统着装，这让清教徒颇为不满。

天主教教士穿着优质的亚麻布长袍，在身上戴上多种贵重的金银珠宝，与娼妓的着装几乎无本质的区别。这些昂贵的服饰，只会让他们的虚荣心膨胀，变得更加傲慢无礼。他们对如何教化俗教徒漠不关心，只关心自己拥有哪些奢侈品，正如犹太人只有在提到黄金或白银的时候才兴奋无比一样。[1]

清教徒对人们着装的限制，是在强调身体原罪的理论基础上进行的。服饰本是为了掩盖人的原罪，若过分奢华，只会让周围人觉得他（她）罪孽深重。因此，清教不仅在教会内部，对各级教士的着装进行严格的管制，而且对俗教徒进行各种劝诫和布道，希望他们在着装上有所节制，塑造谦虚简朴的形象。虽然查理二世复辟之后，奢侈华丽的服饰再次成为时尚的焦点，但清教思想的影响却是广泛而持久的。到 18 世纪，简朴实用的男装成为英国服饰有别于欧洲大陆服饰的最大特色。

三、中间阶层着装的奢与俭

中间阶层受清教思想影响较深，其中很大一部分本身就是虔诚的清教徒。那么他们的着装是否真的像清教徒那般节俭呢？情况似乎没有我们想象的那样简单。从当时人留下的信件、日记和账簿的记录看来，大部分中间阶层人士都难以抗拒时尚服饰的诱惑。即使衣服的颜色比较黯淡，但是质地总是比较好的，而且饰品繁多。

詹姆斯·马斯特（James Master）是肯特郡的一个绅士，在内战

---

[1] Calvin. *Institutes of the Christian religion.* vol.1, p.127.

中偏向议会党。他从 17 世纪 40 年代去剑桥求学就开始记账，一直持续到 1676 年。在账簿中，主要记录了他在旅行、食物、服饰、书籍、学鲁特琴、跳舞、赌马等方面的花费。其中，出现频率最高的是服饰，包括他缝制衣服的布料、尺码和成本。他的服饰颜色比较灰暗，但是每件都加了塔夫绸的衬里或镶着银色的缎带。1649 年，马斯特托人制作了一套昂贵的鲜红色法式套装，并加上一件镶着金色和银色扣子的披风。他喜欢在紧身上衣和裤子上，加五彩缤纷的缎带。1650 年，他为一套衣服购买了 72 码缎带，1653 年为另一套衣服购买了 108 码缎带。50 年代，他多次购买假发和衣服的边饰，还提到优质亚麻布腰带、袖口和色彩鲜艳的长筒袜等。[1]

中间阶层中虽有一些真正的清教徒，认为简单的服饰能体现美好的心灵，但是大多数中间阶层人士还停留在模仿贵族着装的阶段，并未形成独立的着装意识。直到 18 世纪中后期，中间阶层经济实力进一步增强，越来越强烈地要求参与政治活动。为确立其参政的合法性，其在着装上的独立意识才逐渐形成。他们借助贵族的"唯有具备男子气概的人才有资格参政"的理论，抨击贵族天生就是奢侈的儿子。其所谓自我节制都是虚伪的，只有曾经信仰清教的中间阶层，才是保持美德和信仰自由的真正典范。因此，为了促进共和国的公共福利，必须改变政府机构的人员组成，增大中间阶层的比例。

当贵族攻击中间阶层是由一些"爱慕虚荣、恶毒之人组成"的时候，中间阶层的政治改革家回击"贵族是由奢侈的地主组成"[2]。贵族男子属于一个本就奢侈无度的阶层，遗传的阴柔气质使他们非

---

[1] Ribeiro. *Fashion and fiction*. p.203.

[2] Thomas Mortimer. *The National Debt No National Grievance, or the Real State of the Nation*. London, 1768. p.60.（http://galenet.galegroup.com/servlet/ECCO）

常柔弱。他们根本无法拒绝奢侈服饰，树立道德的典范，维护公共福利。而妇女被排斥在政治之外，是因为固有的柔弱气质，使她们无法在选举过程中考虑到社会的和谐与快乐。如此一来，中间阶层的政治改革家将妇女也排除到政治领域之外。

在中间阶层眼里，奢侈和阴柔之气依然是共和国的主要威胁，但这些恶德并非源于普通民众而是贵族的遗传。有爵位的贵族无法理解共和国内充满男子气概的简朴，一个爵位标示着一种纨绔的本性。[1] 相反，中间阶层却天然具备节俭和刚毅的美德，理查德·普赖斯（Richard Price）赞扬美洲殖民者的简朴和进取精神，"我们追求的智慧与善良，并不存在于社会的上层，他们往往趾高气扬……这些美好的品质主要存在于中间阶层的生活中。"[2]

针对贵族"独立而远离奢侈品的贵族，才能公正地为共和国谋福利"的论点，中间阶层的政治家进行了有力的抨击。约瑟夫·托尔斯（Joseph Towers）在对贵族政体的批评中，如此写道：

一方面，那些已经拥有巨额财产的人希望获得更多。他们关心怎样才能爬得更高，力图讨好地位比他们高的人；他们经常会因沉迷于奢侈服饰而变得虚弱，把爱国主义的诸多原则抛在脑后。另一方面，那些地位稍低的人，对自己的期望不会太高，能维持一种节制而温和的生活习惯。虽然他们拥有的财产不是很多，但他们的内心更加自由和独立，更愿意为国家的公共利益出谋划策。[3]

---

[1]　David Kuchta. *The making of the self-made man*. p.68.

[2]　Richard Price. *Observations on the importance of the American Revolution*. Philadelphia, 1785. p.44.（http://galenet.galegroup.com/servlet/ECCO）

[3]　Joseph Towers. *Observations on public liberty, patriotism, ministerial despotism, and national grievances*. London, 1769. pp.27-28.（http://galenet.galegroup.com/servlet/ECCO）

詹姆斯·麦金托什（James Mackintosh）进一步阐明，"从事工商业活动的中间阶层比拥有大量土地的贵族，更加自由和独立，他们理应参与到政治活动中来。"在中间阶层的政论家看来，贵族政体与全民自治政体同样危险。贵族和平民都容易因奢侈品而腐败，缺乏"良好的自我节制和谦虚的精神"，而这恰恰是捍卫英国式自由的必备品质。[1] 因此，中间阶层将贵族和下层民众都排除在政治领域之外。贵族容易被一些不切实际的奢侈品所累，而下层民众整日为生计所累，他们都无法养成良好的习惯。

中间阶层在贵族"奢侈是政治腐败的源泉"的基础上，强调中间阶层的自我节制对维护英国式自由相当重要。托马斯·莫蒂默（Thomas Mortimer）指出，

正是这种自我节制的美德，保护着英国人的自由。如果一个人品德高尚，严肃认真，勤俭节约，他会在议会诚实地选举代表，也会在获得议席的过程中尽量少地耗费金钱，他不会为自己的私利侵犯人民的自由。[2]

而当时议会里充斥着一些品德相当低劣的人。约翰·卡特莱特（John Cartwright）抱怨道：

懒惰的学生，无用的花花公子，阿谀奉承者，奢侈浪费者时常出入于议会大厅。甚至还有些贵族在选举中造假，不惜花大量金钱雇佣

---

[1] James Mackintosh. *Vindiciae Gallicae: defence of the French Revolution and its English admires against the Right Hon. Edmund Burke*. Philadelphia, 1792. p.41. （http://galenet. galegroup.com/servlet/ECCO）

[2] Mortimer. *The National Debt*. p.47.

赌徒、乞丐、盗窃者、破产者等亡命之徒，以操控整个选举的局面。[1]

18 世纪中后期，政府由奢侈引起的政治腐败引起群众不满。中间阶层的政论家尖锐地指出，贵族阶层在"光荣革命"后的简朴着装，其实是一种虚伪的、不自然的表现，不符合贵族的天性。只是为他们损害公共福利，侵犯英国人民的自由，蒙上一层面纱而已。唯有受清教思想影响很深的中间阶层，才能真正在着装上进行理性的自我节制，刚毅而勇敢地维护共和国的利益。

自 1688 年英国旧制度被推翻，君主立宪制度逐渐建立起来，民主共和的观念也逐渐为人们所接受。贵族男士通过简朴的着装树立远离奢侈品的道德模范形象，为其统治英国取得合法性和正统性。贵族的这种策略被中间阶层吸收和改造，最终成为他们参与政权的重要武器。在争取政治权利的过程中，中间阶层并未发动一场革命，颠覆整个旧制度，代之以全新的一种政治制度和文化，他们仅仅是进行了改革。中间阶层的政治改革家借用贵族的话语，重新定义公共道德和国家利益。最终，中间阶层在政治上的成功不是通过生产领域的革命，而是通过消费领域的改革获得的。他们将贵族男子重新定义为"被天生的柔弱气质阉割的、挥霍浪费的无耻之徒"，而之前贵族男子强调自我节制的高尚德行，被中间阶层归为专属于他们自己的品德。

简而言之，正是因为在 18 世纪英国特殊的政治文化中，懂得自我节制，远离奢侈服饰是维护共和国的公共福利的重要品质。贵族男子在"光荣革命"之后，即树立起光辉的节俭形象，以取得合法的正统的统治地位。到 18 世纪中后期，中间阶层将贵族男子的

---

[1] John Cartwright. *Take your choice!*. London,1776. p.x.（http://galenet.galegroup.com/servlet/ECCO）

节俭贬为虚伪的行为。而真正懂得节制，适合参与政治，为共和国谋福利的应该是中间阶层。中间阶层通过远离奢侈服饰，展现"谦虚与节制的男子气概"，以期参与政治活动。

第二节　服饰与崇奢观念的兴起

一、人们对进口服饰的热衷

17 世纪末，英国社会各阶层人们在服饰的花费上都有所增长。这首先得益于英国社会财富的增长，社会结构的相对灵活以及人们购买力的提高。英国殖民贸易的迅速发展，为人们购买服饰提供了更多新奇而实用的选择。也许还与越来越多的妇女投入到服饰行业，熟悉时尚的趋势有关。当时除家内仆人之外，手工工场的女纺织工是最大的职业群体。她们主要制作服装和饰品，包括纺纱、编织、缝纫 , 等等。[1] 洛娜・韦瑟里尔（Lorna Wetherill）根据遗嘱清单和账单，发现自 1675 年始，人们拥有的家居用品的数量大增。在所有家庭开支中，除食物外，没有任何一项开支多余服饰。[2] 经济学家哈特通过对 17 世纪末格里高利・金的统计数字进行细致的分析，估计当时富裕的人大致有 15% 的收入用于购买服饰，中间阶层大约耗费 28%，较贫穷的人大概耗费 18%。[3] 人们在服饰花费上的增长，主要用于购买进口的亚麻和棉纺织品。

17 世纪下半叶，英国消费者掀起了购买进口亚麻布服饰的热潮。

[1]　P. Earle. *A City Full of People: Men and Women of London, 1650-1750.* London, 1994. pp.115-117.

[2]　Weatherill. *Consumer Behaviour and Material Culture in Britai*n. p.119.

[3]　N. B. Harte. *The economics of clothing in the late seventeenth century.* Textile History, vol.22 (1991), p.288. 关于服饰的种类，从"各种各样的帽子"到"蕾丝、丝绸和衣服的饰边等"，金共列出了 44 个条目。

贵族阶层不仅购买昂贵的丝织品，还热衷于质地优良的亚麻布服饰。一些价格、档次较低的亚麻布服饰，满足了社会中下层人们对新奇而舒适的进口服饰的需求。复辟时期的英格兰，无论是穷人还是富人，都可以买到从欧洲大陆进口的白色亚麻布服饰。虽然各阶层人们穿的亚麻布衣服价格不一，但普遍都有白色的领口和袖口。即使服饰颜色丰富的贵族阶层，也纷纷将领口和袖口改成白色的亚麻布，因为这代表着身体的洁净。

面对进口服饰造成的强烈冲击，在保护传统毛纺织业的问题上，议会上院和下院意见达到了空前的一致。议会分别于 1662 年和 1689 年通过了管制服饰的法令。这两条法令实质上是管制纺织品进口商，希望从源头断绝人们对进口服饰的消费。1662 年法令规定，任何人不得从国外进口蕾丝、亚麻布和其他服饰用品。[1]1689 年法令更有针对性，禁止从土耳其、波斯、印度和中国进口生丝。[2]不过，一两条王国法令无法阻挡消费的潮流。到 17 世纪末，强制性的王国法令也很难有效地干预亚麻布的进口贸易了。如果说国家的干预还存在一定的影响的话，在于对海关税的控制，从法国进口大量亚麻布获得的税收支持了对路易十四的战争。[3]

当然，对英国毛纺织业冲击最大的，还不是从欧洲大陆进口的亚麻布服饰，而是从印度进口的棉布服饰。在东印度公司的贸易中，印度棉布占据了相当大份额。17 世纪初，印度棉纺织品未经任何改装，便出口至英国。后来逐渐根据英国消费者的需要，在颜色和

---

[1] "An act prohibiting the Importation of foreign Bonelace Cutt worke Imbroidery Fringe Band-strings Buttons and Needle worke" in The statutes of the realm, vol.5, pp.405-6.

[2] "An Act for the discouraging the Importation of Throwne Silke", in The statutes of the realm, vol.6, p.173.

[3] J. P. Cooper. *Economic Regulation and the Cloth Industry in Seventeenth-Century England.* Transactions of the Royal Historical Society. Fifth Series. vol.20 (1970), p.75.

款式上进行改造。到 1696 年，一份递给安妮女王的报告中，提到棉布的色彩更丰富，用途也更广泛。最初只用来制作内衣内裤、头巾和衬裙等。到 17 世纪末，印花厚棉布在外衣的制作中，发挥着更为时尚的角色，颇受英国消费者欢迎。

> 印度商品异常迅速地增长，主要是各种档次的丝绸和棉布，主要用于制作服饰……印度布匹既包括五颜六色的丝绸，用于制作手帕和男女式睡衣的；也包括较厚重的锦缎，用于制作女式精美长袍；还有一些丝棉混纺织品，也有着令人愉悦的颜色。[1]

人们对进口服饰需求的增长，不仅促进了海外贸易的发展，而且大大刺激了英国本土丝织业和棉纺织业的崛起。在出口贸易方面，既有传统的优质呢绒继续出口，又有大量被英格兰消费者淘汰的二手呢绒服饰远销海外。进口贸易也相当活跃，从亚麻布、丝绸服饰到棉布服饰，都有大量依赖于进口。自 17 世纪 60 年代始，伦敦东部，尤其是斯皮特费尔德（Spitalfield），生产出大量高质花纹丝绸。这些本土的丝绸虽然在质地上比进口丝绸稍差，但在价格上具有优势，深受社会中下层人士欢迎。据厄尔（Earle）估计，到 18 世纪初，在斯皮特费尔德至少有一万台织布机，有 4 万—5 万人从事丝织品的生产及与此相关的贸易活动。关于英国本土棉纺织业的崛起，在第二章中已有详细阐述，故不赘述。[2]

---

[1]　Anon. *The Merchant's Ware-house laid open; Or the Plain Dealing Linen-Draper.* London, 1696. pp.6, 14, 34, 36. (http://eebo.chadwyck.com）

[2]　P. Earle. *The Making of the English Middle Class: business, society, and family life in London, 1660-1730.* Berkeley: University of California Press, 1989. p.20.

二、崇奢与抑奢观念的冲突

17 世纪末 18 世纪初，随着殖民贸易的日益频繁，英格兰本土丝织业和棉纺织业的发展，越来越多的人从经济利益方面为奢侈服饰正名。当时著名的作家尼古拉斯·巴尔本（Nicholas Barbon），在 1690 年写道，"时尚服饰的更新，增加了人们购买新服饰的机会，大大推动了国内外贸易。我们并不一定要旧的不去，新的不来。"[1]1694 年，唐顿（Dunton）在《女性词典》中坦陈，"虽然时尚有可能是一种罪恶，但是时装的流行为数以万计的人提供了工作和生活保障。若没有时尚，他们的生活可能无以为继。"[2] 这种观点与 18 世纪初曼德维尔的观点极为相似。他在《蜜蜂的寓言》中，同样认为"私人的恶德"有利于促进"公共的福利"。也就是说，人们对奢侈服饰需求的增长，有利于促进整个国民经济的发展，尤其对一个贸易强国的崛起至关重要。"一个人穿着做工考究的丝绸服装而不穿廉价服装，选择稀少的高等衣料而不选择粗糙衣料，这是在为更多的人提供工作，因而是在增进公共福利"[3]。

然而，进口的丝绸、亚麻布和棉纺织品，大大损害了传统毛纺织商的利益。尤其是 17 世纪末棉布进口的迅猛增长，让毛纺织商惊恐不已。他们掀起了一场旷日持久的反棉布运动，舆论界亦对棉布进行了激烈的批判。"棉布不结实，容易破……人人都应该穿英国本土生产的毛纺织品，而不应该穿进口的棉布。这不但能促进国内的毛纺织品贸易，而且能扩大本国丝织品的市场。"[4]

[1] Nicholas Barbon. *A discourse of trade*. London, 1690. p.65. (http://eebo.chadwyck.com）

[2] J. Dunton. *The ladies dictionary*. London, 1694, p.209. (http://eebo.chadwyck.com）

[3] 曼德维尔. 蜜蜂的寓言. 第 96 页.

[4] Anon. *The trade of England Revived*. London, 1681. pp.16-17. (http://eebo.chadwyck.com）

事实上，毛纺织品几乎等同于英格兰，如同在西方人眼中，瓷器等同于中国，棉布等同于印度。因此，抵制进口服饰，穿本国的毛纺织品，是一种爱国的行为。相反，穿戴进口服饰，不但是奢侈浪费的表现，而且是一种反民族甚至叛国的行为。当时有道德学家希望查理二世复辟后可以恢复抑奢法，既保护英国传统的毛纺织业，又抑制奢侈浪费的行为。

伊夫林是为恢复抑奢法而积极活动的典型代表。1661年，他向国王递交一份小册子《专制与时尚》，请求国王改革英国人的服饰。即用英国毛呢制成简单实用的服饰，以减少人们对进口服饰的依赖。"服饰应该依据季节的变化而变化，不应该只跟随外国的潮流。夏季的服饰应尽量轻薄光滑，冬季的服饰则应尽量厚重而结实。"[1]伊夫林的建议，无疑有利于英国毛纺织业的发展。然而，他的最终目标是希望查理二世恢复抑奢法，禁止社会中下层人们穿进口服饰。

虽然抑奢法此时继续在欧洲大陆许多国家大行其道，法国1661—1683年间就颁布了12条法令，但是在英国，伊夫林的建议已经不合时宜。查理二世穿上简约的长背心，并不像伊夫林认为的是专制的结果，而更多是因其对东方服饰的好奇及与路易十四一争高下的愿望。显然，查理二世并不是毛纺织业的坚定保护者，他在位期间仍热衷于模仿法国宫廷的着装。

更重要的是，复辟后教会对人们行为和习俗的改革，越来越依靠精神指引和道德训诫，而越来越少严格的惩罚。具体到人们的着装，清教思想的影响力大减，而是偏向于更为宽容的态度。此时，纽卡斯尔公爵夫人在《社会信件》中，关于时尚与服饰的观点是

---

[1] Evelyn. *Tyrannus, or, The mode in a discourse of sumptuary lawes, London, 1661.* p.15. (http://eebo.chadwyck.com）

比较典型的。她以诗文的形式嘲笑清教教士，"他们反感所有的着装艺术／我们都应该被谴责／因为有褶皱的镶边、垂饰及卷发／以及我们穿戴的所有服饰"。她最终坚定地指出，上帝并不会对人们的卷发和漂亮的衣服感到生气。"人类没有证据表明上帝对我们的着装不满意……服饰的精致并不代表灵魂的堕落。"[1]

自查理二世复辟始，英国社会关于抑奢和崇奢的言论，看似纷纷扰扰，实则有内在规律可循。抑奢观念古已有之，希腊罗马时代就有抑奢法确定人们的身份和等级。到近代早期，社会流动加剧，为维护等级秩序，抑奢法的颁布达到了高潮。不过，随着民族国家的兴起，抑奢法多了一层更高尚的目的，即减少外国奢侈服饰的进口，保护民族工业的发展。同时，新教的节俭禁欲观念，为抑奢法提供了重要的思想基础。

具体到英格兰，16、17世纪社会急剧变动。随着农业剩余产品的增多和商品经济的发展，人们争相购买进口的漂亮服饰。这不但使各社会等级之间的着装界限越来越模糊，而且不利于传统毛纺织业的发展，政府为此颁布了一系列抑奢法。显然，这一时期的抑奢，是在英国经济获得了一定的增长，但远未增至奢侈服饰的生产能满足人们需要的程度。也就是说，英国尚处于原始积累阶段。抑奢也好，禁欲也罢，有利于减少外国商品的进口，与当时的重商主义思想不谋而合。

到17世纪末18世纪初，英国本土已具备生产丝织品和棉纺织品的能力。这些曾被批判为"外国奢侈品"的服饰，同样需要开拓国内市场。同时，英国经过与西班牙、荷兰、法国的争夺，殖民地范围不断扩大，殖民贸易市场也随之急剧扩大。在英国仿制的各种

---

[1] M. Cavendish. *Duchess of Newcastle, Social Letters*. London, 1664. pp.414-415. (http://eebo.chadwyck.com）

奢侈品需要寻找海内外市场，崇奢观念应运而生。

抑奢与崇奢反映的是英国资本主义经济发展的两个不同阶段，即原始积累需要发展生产的阶段和生产能力大增需要刺激消费的阶段。这两个阶段的发展表明，"新教伦理"与"奢侈"，在资本主义的发展过程中，两者并不矛盾，而是相辅相成的。在一个弱小的岛国，若没有原始积累阶段的节俭禁欲，便无法如此迅速地积累财富，发展生产，甚至生产出高质量的奢侈品。反过来，若没有人们对奢侈品的追求，生产出来的商品便没有市场，同样无法继续发展生产。崇奢的实质是让原本属于社会上层人士消费的奢侈品，进入寻常百姓家，成为人们的生活必需品。因此，经济的发展并非带来全民的奢侈，而是普通大众消费水平的提高。

三、18 世纪平民追求时尚服饰

在 18 世纪英国的平民家庭中，获取基本食物是家庭开支的最大部分。那么，食物是不是当时的平民唯一想买或有能力购买的商品呢？平民是否还想购买或的确购买到了一些除了食物之外的"奢侈品"，如奢侈的服饰呢？著名史学家汤普森认为，在整个18 世纪，资本主义过程与平民的非经济传统习惯，处在激烈的冲突之中，平民对各种新的消费是持抵制态度的。直到工业革命完成之后，平民消费需求才有了新的改变，传统的文化与习惯才渐渐丧失其价值。[1] 对汤普森的观点，有学者提出了异议，认为他忽视了那些"在平民的日常生活中不断增长的、悄无声息的消费，而这些消费与资本主义市场的扩大是协调一致的。"[2]

---

[1]　汤普森 . 共有的习惯 . 10 页 .

[2]　Hans Medick. *Plebian culture in the transition to capitalism.* In: R. Samuel and G. Jones, eds. *Culture, Ideology and Politics.* London: Routledge, 1982. p.89.

单就服饰而言，早在 16 世纪，农业剩余产品有所增多的时候，农民就是当时社会奢侈之风的追随者。得出此结论，主要依据的是当时的法令文告和道德学家的批评之词。到 18 世纪，有一些平民留下了账簿，成为今人研究其着装状况的另一种珍贵资料。在兰开夏郡西部，并不富裕的小约曼理查德·莱瑟姆（Richard Latham）一家，留下了 1724—1767 年间的账簿，详细记录了这一家人在服饰的花销上的变化。[1]

莱瑟姆一家不像富裕的约曼那样，可以长久地雇佣家仆。他们必须亲自参加劳动，常年在田间辛勤地耕耘劳作。不过，他们住在棉纺织业相当发达的兰开夏，女儿们有越来越多的机会外出工作以补贴家用。莱瑟姆夫妇结婚的前 18 年，养育孩子给他们造成了沉重的经济压力，全家在服饰方面的开支平均每年不超过 50 先令。父亲理查德只拥有两套外出的衣服，只能偶尔翻新一下。而母亲南希比一般的农妇似乎更要节俭，18 年间居然没有购买一件新长袍，穿的都是出嫁以前的旧衣服。当然，他们每年都会购买新鞋袜及内衣裤。显然，这个家庭的大多数收入，都被用来抚养孩子，孩子在着装上的花费比父母要多。不过，他们为孩子购买的新服饰价格都比较低，几乎没有买诸如蕾丝、丝绸帽子、亚麻布围裙和长袍等奢侈服饰。

---

[1] 洛娜·韦瑟里尔整理了莱瑟姆一家的账簿，该账簿跨越 43 个年份，自理查德和南希结婚的 1724 年，到理查德去世的 1767 年。这期间他们生育了 7 个孩子，其中有 6 个是女孩。约翰·斯泰尔斯依据账簿中服饰开支的变化，将其分三个阶段来解读。第一阶段是 1724-1741 年，孩子年幼无法减轻家庭负担时期，莱瑟姆一家很少购买新衣服第二阶段是 1742-1754 年，孩子不断长大，渐渐可以外出挣钱，在服饰方面的花费急剧增长；第三阶段是 1755-1767 年，孩子渐渐离开父母自立门户，服饰开支再次回落。参见 John Styles, "Custom or consumption, Plebeian fashion in eighteenth-century England", In Maxine Berg, Elizabeth Eger, eds., Luxury in the eighteenth century: debates, desires and delectable goods, Basingstoke: Palgrave, 2003, pp.103-115.

到莱瑟姆夫妇结婚的第二阶段，即 1742—1754 年的 13 年间，他们一家平均每年在服饰上的开支是前一阶段的四倍。这个变化因为家里的女儿们渐渐外出工作，家庭收入有了增长。在 1742 年之前，南希和她的女儿们都没有买过一件长袍。1742 年，长女贝蒂 16 岁，到 1749 年 23 岁时，共购买了 4 件长袍。其中有两件相对便宜，布料的成本分别是 7 先令 6 便士和 12 先令 4 便士。而这两件长袍主要是工作的时候穿的，用普通毛料制成，每码价格不超过 16 便士。另两件长袍要时尚和昂贵得多，是贝蒂最好的衣服。有一件是她 16 岁时，用 11 码蓝色花缎制成，价值 20 先令。另一件是她 23 岁时制作的印花棉布长袍，也花费了 20 先令。[1]另外几个女儿的情况与贝蒂很相似，等到她们 15 岁，母亲就会为她们添置长袍。

莱瑟姆一家在 1742 年之后服饰的变化，也可以从饰品中看出来。每个家庭成员每 18 个月就可以换一条新手帕，而之前只能每两年换一次。至于帽子，数量增加得更为明显。在 13 年里共买了 30 顶，而之前的 18 年一共才买了 8 顶。饰品不但数量有所增加，而且质地和种类也有了新变化。正如长袍一般，母亲会在女儿满 15 岁时，给她们买相对昂贵的漂亮饰品，包括价值 5—8 先令的丝绒帽，丝绸手帕以及白色的亚麻布围裙等。[2]

莱瑟姆一家服饰开支的增加，主要是由于家庭收入的增长提高了购买力，而收入的增长是因为女儿们长大后从事棉纺织业。当然，若分摊到每个家庭成员，收入的增长是细微的，每周不超过 1 先令 8 便士，比当时的棉纺织工人的正常所得工资还要低。但家庭收入如此微小的变化，居然可以带来物质生活如此巨大的

[1] Styles. *Custom or consumption, Plebeian fashion in eighteenth-century England.* p.109.

[2] Styles. *Custom or consumption, Plebeian fashion in eighteenth-century England.* p.109.

转变。

　　莱瑟姆家的女儿们，并没有像很多穷人家的孩子那样，被送到城市当家庭女仆。但是，她们购买和消费服饰的习惯与女仆极为相似。她们会购买一些实用的工作服，同时还会买一些漂亮而时尚的外出服和奢侈的小饰品。当然，她们拥有的小奢侈品，无论在价格还是质地上，与当地乡绅的女儿、城市的贵妇们，仍然存在很大的差距。但是，她们购买的较昂贵的服饰，与较小的乡绅、商人的妻女的较便宜的服饰，却是差不多的。可见，平民女青年的着装，在一定程度上，也能生动地体现时尚的变化（见图34）。

　　通过账簿，我们可以确知平民女青年购买了哪些服饰，但无法了解到其消费那些时尚服饰时的心理状态。她们的收入本来非常有限，却为何除了购买实用的工作服之外，还想获得一定数量的时尚而漂亮的奢侈服饰？也许她们与1739年在诺丁汉当学徒的16岁的威廉·赫顿（William Hutton），有着共同的消费心理。

　　我现在到了一个两性之间互相打量的年纪，为了取悦周围的女孩，最有效的方式就是穿上时髦的服饰。因为服饰是通往心灵的护照，是打开爱情之锁的钥匙，服饰能引导她们看上我。年少气盛的时候应该穿得体面，这不仅仅是可以宽恕的，更是值得赞扬的。我羡慕所有的新衣服，也希望自己能拥有一两件，但是目前我还无能为力。[1]

　　后来，赫顿整整花了两年的时间，省吃俭用，终于攒下了足够的钱购买了一套新衣服、一顶假发和一个质地很好的帽子。"女

---

[1]　William Hutton. *The Life of William Hutton*. London, 1817. pp.96-97. （http://www.archive.org）

孩子们开始注意我，而且我自己也经常不由自主地欣赏自己。"[1]

对于青春期的平民来说，时髦的服饰是性成熟的标志，是经济独立的象征，也是增添其吸引力的资本，还是自我满足的一种源泉。当然，购买时尚的服饰，也有经济上的考虑。出身贫寒的男孩女孩，一般到二十几岁回结婚生子，新婚后往往会面临巨大的经济压力。尤其是女孩，在婚前购买时尚漂亮的衣服，很大程度上是为了吸引异性，以嫁得更好。若最终嫁的是一个同样贫

图 34　穿着印花棉布长袍的女仆

图片来源: John Styles, "Custom or consumption, Plebeian fashion in eighteenth-century England", In Maxine Berg, Elizabeth Eger, eds., Luxury in the eighteenth century: debates, desires and delectable goods, Basingstoke: Palgrave, 2003, p.113.

穷的人，她婚前买的衣服也可以减轻新婚后的经济负担。再者，年轻女仆流动频繁，穿得体面漂亮，能使她们被家境更好的主顾接纳。[2]

穿上时尚服饰，不仅能在求职求偶过程中获得更多的尊重，而且在一些传统节日，穿得漂亮时尚，是一种基本义务。在礼拜天、圣诞节、复活节、集市上、教区盛宴上以及丰收时节，平民们尤

---

[1]　Ibid., p.101.

[2]　Styles. *Custom or consumption, Plebeian fashion in eighteenth-century England.* p.112.

其是年轻人会穿得很漂亮。早在18世纪初，亨利·伯恩（Henry Bourne）发现，在教区一年一度的守护神节，平民会穿上他们最鲜亮的衣服，敞开大门迎接邻居们，并举办各种精彩的娱乐活动。到18世纪末，这种习俗依然流传下来。塞缪尔·班福德（Samuel Bamford）回忆兰开夏郡的守护神节，谈到有一种特殊的习惯，每家每户的妇女展示她们的银表、托盘、调羹、茶壶、烛剪等。无疑，也在展示她们最漂亮的服饰。[1]

在消费品市场不断扩大的18世纪，出身贫寒的男女青年依靠自己的辛勤劳动，买到质地较好款式较新的时尚服饰。这种看似奢侈的消费，与他们传统的求爱、结婚、求职等，都有着密切的关系。而且，奢侈的服饰也在传统节日中得到了展示。因此，平民的传统文化与消费社会，并非始终处在激烈的冲突之中。工业革命前夕就业机会的增多，为平民改善自身的状况，包括穿得更加漂亮得体，提供了有力的保障。

近代早期英国社会的生产能力不断提高，海外贸易也越来越频繁，消费品日渐丰富。在服饰的消费上，人们有了更多的选择。购买何种款式、颜色、质地的衣服，都是在特定思想观念的指导下完成的。因此，人们着装的变化能够反映当时社会思想观念的转变。16世纪人文主义思想的传播和宗教改革的发生，使人们逐渐摆脱了天主教禁欲观的束缚，开始关注人的本身以及个人形象的塑造。这种观念的转变，在着装上体现为对奢侈服饰的狂热追求，甚至一部分清教徒都没能节制自身拥有奢侈服饰的欲望。然而，16、17世纪人们消费奢侈服饰，并非名正言顺的行为。到18世纪，英国社会中上层的妇女和平民，掀起新一轮消费奢侈服饰

---

[1] Bamford. *Bamford's Passages in the Life of a Radical and Early Days*. vol.1, pp.149-150.

的热潮，一定程度上是因为当时流行的崇奢观念为他们的消费正名。从此，消费奢侈服饰只是政治家们的一种政治恶德，不再是普通人不道德不爱国的表现。

　　反过来，人们着装的变化又影响着社会思想观念的转变。16世纪英国社会各等级人们对奢侈服饰的追求，不但使大量黄金外流，不利于国民财富的增长和传统毛纺织业的发展，而且破坏了尊卑有序的等级制度。于是，追求奢侈服饰被认为是一种不道德不爱国的行为，遭到重商主义者和道德学家的激烈批评。即使虔诚的清教徒，也认为社会中下层人们沉迷于奢侈服饰，是对社会等级秩序的巨大威胁。因此，抑奢观念成为16、17世纪英国社会的正统观念。到17世纪末，传统毛纺织业已走向衰落，在英国国民经济和出口贸易中占据的比例大大缩小。[1]此时英国社会掀起的"棉布热"，大大刺激了英国本土棉纺织业的崛起。为扶植本土新兴棉纺织业，政府和舆论界都鼓励人们消费曾经被视为"进口奢侈品"的棉布服饰。崇奢观取代抑奢观，在18世纪英国经济生活中发挥重要作用。

---

[1]　See Jenkins, ed.. *The Cambridge history of western textiles*. vol.1, p.461.Table 8.8. 该表显示18世纪初，毛纺织品的出口占出口总额的70.3%，到19世纪初递减到23.6%；相应地，棉纺织品由0.0%猛增至39.4%。

结　语

　　在近代早期，英国人的服饰发生了很大变化。贵族的男装和女装，同样经历了复辟之前或夸耀或低调的奢华，都在复辟时期出现了简约与奢华风格的冲突。但是它们到"光荣革命"后分道扬镳，男装变得简约实用，女装再次回归奢华矫饰。社会中下层人们模仿贵族而着装，其服饰的变化既受到贵族着装风格的影响，又有着自身的特点。他们不仅有日常劳作时的简单实用服饰，而且总有一两件时尚漂亮的服饰以备节假日穿戴。普通大众竭力摆脱政府的种种限制和禁令，到 18 世纪下半叶，其服饰的质地变得柔软舒适，颜色也随之变得五彩斑斓。

　　服饰这一反映世界观的创造物，它的产生和发展演变都直接受制于社会的总体环境。就像是水与生存其间的鱼和水草一样，基本上是母体与子体的关系。所不同的是，鱼和水草不能从根本上改变水质和水流，而服饰的变化可以反作用于社会的总体环境，对社会的变迁产生影响。

　　服饰的变化是社会变迁的结果，它能反映社会政治、经济、等级结构和思想观念等方面的变化。首先，服饰是政治变革的风向标。宫廷服饰由都铎时期夸耀式的奢华变为内战前夕低调的奢华，再到复辟时期奢华与简约风格的冲突，最后变得黯淡无光，生动展现了英国王权的兴衰过程。

其次，人们着装的变化是社会经济发展的必然结果。乡村毛纺织业和本土棉纺织业的发展，使英国人的服装变得柔软舒适、色彩丰富。17 世纪下半叶到 18 世纪，手工工场取代行会，在服装制作中占据主导地位。人们能以较低廉的价格，购买到款式相同、简单实用的新成衣。与此同时，活跃的二手服装市场为人们提供了大量价廉物美的旧服饰。

再次，服饰的变化反映了英国社会等级结构的变化，即社会上层与中下层、主人与仆人、父母与子女、男性与女性之间的权威和服从关系，都发生了程度不等的变化。抑奢法明确规定各等级人们服饰的质地和颜色，而社会中下层人们跨越等级界线着装的现象随处可见，表明上层社会的权威受到挑战。女仆可以自由购买新装，男仆出售象征依附地位的制服，体现了主人权威的弱化趋势。子女并非总是遵循父辈的着装习惯，说明父母与子女之间的权威与服从关系也有所松动。一部分社会中下层妇女不顾忌教会的训诫和法庭的惩罚，依然穿上男装，表明她们并不是随时随地都服从男性的权威。

最后，人们着装的变化也是社会思想观念转变的结果。16 世纪人文主义思想的传播和宗教改革的发生，使人们逐渐摆脱了天主教禁欲观的束缚。他们狂热地追求奢侈品，甚至一部分清教徒都没能节制自身拥有奢侈服饰的欲望。到 18 世纪，英国社会中上层的妇女和平民，掀起新一轮消费奢侈服饰的热潮，一定程度上是因为当时流行的崇奢观念为他们的消费正名。

可见，近代早期英国人服饰的变化，是社会政治、经济、等级结构和思想观念的变迁综合作用的结果。由于贵族阶层在政治变革中发挥着主导作用，他们的着装受政治变革的影响最大，可以依据政治统治的需要更换奢华或简约的服饰。而普通大众既不具备贵族阶层那样的购买力，在政治变革中又处于被支配地位，其着装的变化主要依赖于社会经济的发展。经济的发展不但为普通大众提供更多就业机会以增加收入，而且直接改善服饰的质地、丰富其色彩、降低其价格。同时，社会经济的发展必然导致等级结构的变化，新崛起的阶层为提高社会地位，设法改善他们的着装。近代英国社会抑奢与崇奢观念的产生，也与经济的发展密切相关。抑奢观虽未能成功地抑制人们消费奢侈服饰，却在 18 世纪被社会中上层男士援引，成为其穿上简约服饰树立道德模范的指导思想。而崇奢观大大鼓舞了社会中上层妇女和平民消费奢侈服饰的热情。所以说，社会政治、经济、等级结构和思想观念的变迁，并不是独立影响服饰的变化。它们相互之间有着密切的联系，其中经济的发展起着决定性影响。

反过来，近代早期人们着装的变化，又对当时英国社会政治、经济、等级结构和思想观念的变迁产生影响。服饰的变化在一定程度上，推动了政治领域的变革。都铎宫廷的服饰变得极度奢华，有利于塑造强大的王权。内战前夕，清教徒对宫廷服饰进行激烈的批判，为反王权情绪的形成制造舆论。内战期间，"新模范军"的实用军服，使战争双方着装差异明显，加速了战争的胜利。

服饰作为一种基本物质资料，它的变化促进了英国经济的发展。17、18 世纪之交，人们对印度棉布的狂热，刺激了英国本土棉纺织业的兴起。市场对廉价成衣的需求大增，使成衣匠行会逐渐衰落，推动手工工场成衣制造业的发展。二手服饰作为新服饰的补充，也存在着广泛的市场需求，使英国的二手贸易市场空前繁荣。

　　服饰体现身份等级的功能减弱,使社会等级结构的变化加剧。当人们不按照法令规定而着装,乡绅穿得像贵族,约曼穿得像绅士,仆人穿得像主人,又或者年轻的贵族穿得像平民,等级界线变得更加模糊。人们的着装渐趋平等,弱化了社会上层人士的权威,冲击着传统等级秩序。

　　人们着装的变化对社会思想观念的转变也会产生影响。16、17世纪人们对奢侈服饰的追求,不但造成黄金外流,而且不利于传统毛纺织业的发展。追求奢侈服饰被认为是一种不道德不爱国的行为,遭到重商主义者和道德学家的激烈批评,抑奢观念成为16、17世纪英国社会的正统观念。到17、18世纪之交,英国社会掀起的印度棉布热,大大刺激了英国本土棉纺织业的崛起。为了替新兴棉纺织业打开市场,社会舆论鼓励人们消费曾经被视为"进口奢侈品"的棉布服饰,崇奢观念应运而生。

　　若将16—18世纪这一时间段放入英国历史发展的长河中,可以对服饰的变化在英国社会变迁中的作用,有更深层的了解。近代早期是英国社会由传统农业社会转向近代工业社会的过渡时期,这一时期人们着装的变化预示着近代工业社会的到来。

　　服饰在特定情况下,可以成为政治斗争的武器。正如英国内战前夕,清教徒公开批判宫廷的奢华服饰,为反王权制造舆论;18世纪下半叶,中间阶层的政治改革家为了寻求参政的合理性和正统性,批判贵族虚伪的节制行为,纷纷远离奢侈服饰。这表明"光荣革命"后的贵族政体遭遇危机,急需改革。到19世纪,英国议会经过1832年、1867年和1884年三次改革,扩大了选民范围,越来越多人参与到政治活动中来。

　　18世纪的手工工场成衣制造业是19世纪机械化大生产的雏形。英国的工业革命首先发生在纺织业领域,由此带动服装制造业的发展。虽然女成衣工仍像行会成衣匠那样，是依靠手工缝制服装，但是她们的分工非常细致。手工工场的组织和管理方式，为19世纪的工厂主发展劳动密集型产业提供了宝贵的经验。

转型时期社会各阶层人们的着装渐趋平等，预示着等级制度终将废除，阶级社会即将到来。18世纪社会中下层人们着装状况的改善，使服饰体现身份等级的功能逐渐减弱。女仆购买的新装并不一定是模仿女主人的服饰，男仆出售制服后可以自由选购其他款式的服饰，出身平民家庭的年轻小伙子甚至自创发型和服装款式，都表明人们的着装有体现自我审美和意识的趋势。在即将到来的阶级社会，人与人的差异主要体现为经济地位、审美情趣和价值观的不同。

在17、18世纪之交，英国社会关于着装的观念，由抑奢转变为崇奢，其实放宽了对中下层人们着装的限制。因为无论是政府颁布的抑奢法，还是清教徒和道德学家的抑奢思想，实质都是限制社会中下层人们消费奢侈品，以维护尊卑有序的等级制度。崇奢观为消费奢侈服饰正名，鼓舞了普通大众的消费热情，让他们获得了更多着装的自由。而着装乃至消费的自由与人们的生活息息相关，是近代社会人们享有自由的重要组成部分。

总之，近代早期人们着装的变化，是英国社会政治、经济、等级结构和思想观念变迁的结果。其中，经济的发展对人们着装的变化起着决定性影响。服饰作为一种基本物质资料，或政治斗争的武器，或身份等级的象征，或思想观念的表达，它的变化又反作用于社会多方面的变迁。

参 考 文 献

英文资料：

一、**Primary Sources:**

1. Allestree, Richard. *The Whole Duty of Man*. London, 1671.

2. Anon. *Hic mulier: or, The man-woman: being a medicine to cure the coltish disease of the staggers in the masculine-feminines of our times*. London, 1620.

3. Anon. *Haec-vir: or, The womanish-man: being an answere to a late booke intituled Hic-mulier*. London, 1620.

4. Anon. *England's joy for London's loyalty*. London, 1664.

5. Anon. *In the homily of the Church of England against excess of apparel*. London, 1676.

6. Anon. *The trade of England Revived*. London, 1681.

7. Anon. *The female highway hector: or, An account of a woman, who was lately arraign'd for robbing on the high-way in man's apparel*. London, 1690.

8. Anon. *The Merchant's Ware-house laid open; Or the Plain Dealing Linen-Draper*. London, 1696.

9. Anon. *Proposal of an act to be past, for restraining of the expenses of apparel*. Edinburgh, 1698.

10. Anon. *The country-man's huy [sic] and cry against high heads and*

masked faces. London, 1700.

11. Anon. *The counterfeit bridegroom, married a young woman in man's apparel*. London, 1701.

12. Anon. *The whole duty of woman, in either a single or married state; giving godly directions for their true devotion, manner of apparel, their discourse*. London, 1711.

13. Anon. *The original of apparel: or, the ornaments of dress. Presented to Mr. Vernum, taylor*. London, 1732.

14. Anon. *The female soldier; or, the surprising life and adventures of Hannah Snell, ... who took upon herself the name of James Gray; and, being deserted*. London,1750.

15. Anon. *Instructions for cutting out apparel for the poor; principally intended for the assistance of the patronesses of Sunday schools*. London, 1789.

16. Ashmole, Elias. *The institution, laws & ceremonies of the most noble Order of the Garter*. London, 1672.

17. Bamford, Samuel, Dunckley, Henry (ed.). *Bamford's Passages in the Life of a Radical and Early Days*. London: Unwin, 1905.

18. Barbon, Nicholas. *A discourse of trade*. London, 1690.

19. Behn, Aphra. *The lady's looking-glass, to dress herself by, or, The whole art of charming*. London, 1697.

20. Berkeley, George. *An essay towards preventing the ruin of Great Britain*. London, 1721.

21. Bowles, John. *Thoughts on the Late General Election*. London, 1802.

22. Bowles, John. *Dialogues on the rights of Britons, between a*

Farmer, a sailor and a manufacturer. London, 1792.

23. Brathwaite, Richard. *The English gentlewoman, drawne out to the full body expressing.* London, 1631.

24. Brathwaite, Richard. *The English gentleman, and The English gentlewoman both in one volume couched, and in one modell portrayed.* London, 1641.

25. Breval, John. *The art of dress. A poem.* London, 1717.

26. Bullinger, Heinrich. *The iudgement of the Godly and learned father M. Henry Bullinger……. to weare the apparell prescribed by the lawes and orders of the same realme.* London, 1566.

27. Bulwer, John. *Anthropometamorphosis: Man transform'd; or the artificial changeling.* London, 1650.

28. Burgh, James. *Britain's Remembrancer.* London, 1746.

29. Burton, R. .*The Anatomy of Melancholy.* London, 1621.

30. Camden, William. *Remaines concerning Britain their languages, names, surnames, allusions, anagrammes, armories, monies, empreses, apparell, artillarie, wise speeches, proverbs, poesies, epitaphs.* London, 1657.

31. Campbell, R. *The London tradesman.* London, 1747.

32. Cartwright, John. *Take your choice!.* London,1776.

33. Cavendish, M. *Duchess of Newcastle, Social Letters.* London, 1664.

34. Churchill, Awnsham. *A collection of voyages and travels, vol.1 .* London, 1745.

35. City of London (England), Lord Mayor. *His Majesty taking notice of the vast summs of mony yearly exported out of this his kingdome for*

foreign manufactures of wearing-apparel. London, 1665.

36. Clarke, Samuel. *A Looking-glass for good women to dress themselves.* London, 1677.

37. Collier, Jeremy. *Essays upon moral subjects.* London, 1697.

38. Compassionate conformist. *Englands vanity or The Voice of God against the monstrous sin of pride, in dress and apparel.* London, 1683.

39. Corporation of London, Court of Aldermen. *The order of my Lord Mayor, the aldermen, and the sheriffs, for their meeting and wearing of their apparel throughout the whole year.* London, 1724.

40. Country Clergyman. *Of luxury, more particularly with respect to apparel, Being the substance of two discourses.* London, 1736.

41. Crowley, Robert. *A briefe discourse against the outwarde apparell and ministring garmentes of the popishe church.* Netherlands, 1578.

42. Daniel Defoe. *Everybody's Business, Nobody's Business.* London, 1725.

43. Defoe, Daniel. *The complete English tradesman, The fifth edition,* London, 1745.

44. Dekker, Thomas. *The seuen deadly sinnes of London drawne in seuen seuerall coaches.* London, 1606.

45. Dunton, J. *The ladies dictionary.* London, 1694.

46. Eliot, John. *Ortho-epia Gallica Eliots fruits for the French.* London, 1593.

47. F., J. *The Merchant's Ware-House Laid Open: Or the Plain Dealing Linnen-Drapper.* London, 1696.

48. Essex, John. *The young ladies conduct: or, rules for education, under several heads; with instructions upon dress, both before and after*

marriage. London, 1722.

49. Evelyn, John, Bray, William (ed.). *The Diary of John Evelyn*. New York: M. W. Dunne, 1901.

50. Evelyn, John. *Tyrannus, or, The mode in a discourse of sumptuary lawes*. London, 1661.

51. Everett, George Shipwright. T*he path-way to peace and profit, or, Truth in its plain dress*. London, 1694.

52. Fielding, Henry. *An enquiry into the causes of the late increase of robbers*. Dublin, 1751.

53. Gay, John. *Trivia: or the art of walking the streets of London, The third edition*. London, 1730.

54. Great Britain. *The statutes of the realm, vol.2-7, Buffalo*. N.Y.:W.S. Hein, 1993.

55.Great Britain. *An act to preserve and encourage the woollen and silk manufactures of this kingdom*. Edinburgh, 1728.

56. Grimston, E. . *The honest man: or, The art to please in court*. London, 1632.

57. Grosley, Pierre Jean. *A tour to London: or, new observations on England, and its inhabitants, Translated from the French by Thomas Nugent*. Dublin, 1772.

58. Harrison, William. *The description of England, edited by Georges Edelen*. New York: Cornell University Press, 1968.

59. Haynes, John. *A view of the present state of the clothing trade in England, with remarks on the causes and pernicious consequences of its decay*. London, 1706.

60. Hill, G. B., ed. *Boswell's Life of Johnson*. Oxford: Claredon, 1917.

61. Hughes, Paul & Larkin, James (eds.). *Tudor Royal Proclamations, Vol.1-3*. New Haven: Yale University Press, 1969.

62. Hughes, Paul & Larkin, James (eds.). *Stuart Royal Proclamations, Vol.1-2*. Oxford: Clarendon Press, 1973.

63. Hutton, William. *The Life of William Hutton*. London, 1817.

64. Jonson, Ben. *The comicall satyre of euery man out of his humor.* London, 1600.

65. Kalm, Pehr, Lucas, Joseph(ed.). *Kalm's Account of His Visit to England on His Way to America in 1748*. London: Macmillan, 1892.

66. Lancaster, Nathaniel. *Public virtue or the love of our country.* London,1746.

67. Mackintosh, James. *Vindiciae Gallicae: defence of the French Revolution and its English admires against the Right Hon. Edmund Burke.* Philadelphia, 1792.

68. Macky, John. *A Journey through England, vol.2*. London, 1722.

69. Mascall, Leonard. *A profitable booke declaring dyuers approoued remedies, to take out spottes and staines, in silkes, veluets, linnnen [sic] and woollen clothes*. London, 1583.

70. Mayhew, Henry. *London Labour and the London Poor*. London: London Spring Books, 1851.

71. Middleton, Thomas. *Father Hubburds tales: or the ant and the nightingale.* London, 1604.

72. Miege, Guy. *The new state of England under Their Majesties K. William and Q. Mary.* London,1691.

73. Moritz, C. P. *Travels chiefly on foot, through several parts of England in 1782.* London, 1795.

74. Mortimer, Thomas. *The National Debt No National Grievance, or the Real State of the Nation.* London, 1768.

75. Nicholas, Barbon. *A discourse of trade.* London, 1690.

76. North, Dudley. *Discourses upon trade.* London, 1691.

77. Parker, Matthew. *Refusyng to weare the apparell prescribed by the lawes and orders of the realme.* London, 1566.

78. Peacham, Henry. *The truth of our times.* London, 1638.

79. Pendarves, John. *Endeavours for reformation in apparel.* London, 1656.

80. Pepys, Samuel. *Robert Latham (ed.), The Diary of Samuel Pepys: a new and complete transcription, Vol. 1-11.* Berkeley, Calif.:University of California Press, 2000.

81. Philanglus. *Arguments, proving, that the poor of England cannot be imploy'd on the wooll manufacture, but to a national loss; and the ruine of the clothing ...* London, 1701.

82. Place, Francis, Wallas, Graham(ed.). *The life of Francis Place, 1771-1854*, London: E.G. Allen, 1918.

83. Pope, Alexander. *The rape of the lock. An heroi-comical poem.* Preston, 1714.

84. Price, Richard. *Observations on the importance of the American Revolution.* Philadelphia, 1785.

85. Quarles, F. *Epigrammes.* London, 1640.

86. Rich, Barnaby. *Faultes faults, and nothing else but faultes.* London, 1606.

87. Samber, Robert. *A treatise of the plague. Being an instruction how one ought to act, in relation, I. To apparel ... II. To diet. III. To antidotes ...*

IV. To ... London, 1721.

88. Sandys, Edwin. The Sermons of Edwin Sandys. London, 1585.

89. Saussure, Cesar de. *A foreign view of England in the reigns of George I and George II*. translated and edited by Madame Van Muyden, 1902.

90. Smith, William. *An address to the associated friends of the people*, Edinburgh, 1792.

91. Stow, John. *A suruay of London Contayning the originall, antiquity, increase, moderne estate, and description of that citie*. London, 1633.

92. Strutt, Joseph. *A complete view of the dress and habits of the people of England, from the establishment of the Saxons in Britain to the present time*. London, 1796-99.

93. Stubbes, Philip. *Margaret Jane Kidnie (ed.),The Anatomie of Abuses*. Tempe: Arizona Center for Medieval and Renaissance Studies, 2002.

94. Tilney, Edmund. *A briefe and pleasant discourse of duties in mariage, called the flower of friendship*. London, 1587.

95. Tindal, William. *Plain truth, in a plain dress: or, a short admonition to the middle ranks of Great Britain and Ireland*. M.A. Evesham, 1794.

96. Tinney, John Pern. *The rights of sovereignty vindicated*. London, 1809.

97. Towers, Joseph. *Observations on public liberty, patriotism, ministerial despotism, and national grievances*. London, 1769.

98. University of Oxford. *Regulating the apparel and habits of all scholars of whatever rank or degree within the University*. Oxford, 1690.

99. Warwick, Philip. *Memoires of the Reign of King Charles I.*

London, 1701.

100. William, John. *A sermon of apparell preached before the Kings Maiestie and the Prince his Highness at Theobalds.* London, 1620.

二、 **Secondary Works:**

1. Ashelford, Jane. *The art of dress: clothes and society, 1500-1914.* London: National Trust, 1996.

2. Ben-Amos, K. *Women apprentices in the trades and crafts of early modern Bristol.* Continuity and Change, vol.6 (1991), pp.227-252.

3. Barnes, Ruth, & Eicher, Joanne B., eds. *Dress and gender: making and meaning in cultural contexts.* New York: Berg, 1992.

4. Beattie, J. M. *Crime and the Courts in England, 1660-1800.* Princeton: Princeton University Press, 1986.

5. Beaty, M., and Farley, B., eds. *Calvin's Ecclesiastical Advice.* Edinburgh: Westminster John Knox Press, 1991.

6. Beer, Esmond S. *King Charles II's Own Fashion: An Episode in Anglo-French Relations 1666-1670.* Journal of the Warburg Institute, vol.2, no.2 (1938), pp.105-115.

7. Blackman, Cally. *Walking Amazons: the development of the riding habit in England during the eighteenth century.* Costume, vol.35 (2001), pp.47-58.

8. Breward, Christopher. *The culture of fashion: a new history of fashionable dress.* Manchester and New York: Manchester University Press, 1995.

9. Breward, Christopher, Conekin, Becky, & Cox, Caroline, eds. *The Englishness of English Dress.* New York: Berg, 2002.

10. Breward, Christopher, & Evans, Caroline, eds. *Fashion and*

modernity. New York: Berg, 2005.

11. Brewer, John, & Porter, Roy, eds. *Consumption and the World of Goods*. New York: Routledge, 1994.

12. Brown, D. *Persons of infamous character: the textile pedlars and the role of peddling in industrialization*. Textile History, vol.31, no.1 (2000), pp.1-26.

13. Buck, Anne. *Clothing and textiles in Bedfordshire inventories, 1617-1620*. Costume, vol.34 (2000), pp.25-38.

14. Buck, Ann. *Dress in eighteenth-century England*. London: Holmes & Meier, 1979.

15. Buck, Anne. *Clothes and the child: a handbook of children's dress in England, 1500-1900*. Carlton: Ruth Bean, 1996.

16. Burman, Barbara, & Turbin, Carole, eds. *Material strategies: dress and gender in historical perspective*. Malden, M A.: Blackwell, 2003.

17. Calthrop, Dion Clayton. *English Costume*. London: A. & C. Black, 1907.

18. Calvin, John. Translated by Allen, John. *Institutes of the Christian religion*. vol.2, Philadelphia: Presbyterian board of Christian education, 1928.

19. Chapman, Stanley D. *The genesis of the British hosiery industry, 1600-1750*. Textile History, vol.3 (1972), pp.7-50.

20. Chapman, Stanley D. *The innovating entrepreneurs in the British ready-made clothing industry*. Textile History, vol.24 (1993), pp.5-25.

21. Chaudhuri, K. N. *The trading world of Asia and the English East India Company*. Cambridge: Cambridge University Press, 1978.

22. Cipolla, C. M. *Before the Industrial Revolution: European society*

and economy, 1000-1700. London: Methuen, 1993.

23. Clinch, George. *English Costume: from prehistoric times to the end of the eighteenth century*. London: Methuen, 1910.

24. Coleman, Donald Cuthbert, "Textile growth" in Harte, N. B., and Ponting, K. G., eds., *Textile history and economic history: essays in honour of Miss Julia de Lacy Mann*, Manchester, 1973, pp.1-21.

25. Coleman, D.C., & John, A.H., eds. *Trade, Government and Economy in Pre-Industrial England*. London: Weidenfeld & Nicolson, 1976.

26. Corner, David. *The tyranny of fashion: the case of the felt-hatting trade in the 17th and 18th centuries*. Textile History, vol.22 (1991), pp.156-178.

27. Cooper, J. P. *Economic Regulation and the Cloth Industry in Seventeenth-Century England*. Transactions of the Royal Historical Society, Fifth Series, vol.20 (1970), pp.73-99.

28. Crane, Diana. *Fashion and its social agendas: class, gender, and identity in clothing*. Chicago: University of Chicago Press, 2000.

29. Crane, Susan. *The performance of self: ritual, clothing, and identity during the Hundred Years War*. Philadelphia: University of Pennsylvania Press, 2002.

30. Cressy, David. *Gender trouble and cross-dressing in early modern England*. Journal of British Studies, vol.35, no.4 (1996), pp.438-465.

31. Cunnington, C. Willett, & Phillis. *Handbook of English costume in the eighteenth century*. London: Faber and Faber, 1957.

32. Deceulaer, Harald. *Entrepreneurs in the Guilds: Ready-to-wear clothing and subcontracting in late sixteenth and early seventeenth-century Antwerp*. Textile History, vol.31 (2000), pp.133-149.

33. Deceulaer, Harald. *Between Medieval Continuities and Early Modern Change: Proto-industrialization and Consumption in the Southern Low Countries (1300-1800).* Textile History, vol.37, no.2 (2006), pp.123-148.

34. Downing, Taylor, and Millman, Maggie. *Civil War.* London: Collins and Brown, 1991.

35. Earle, P. *The Making of the English Middle Class: business, society, and family life in London, 1660-1730.* Berkeley: University of California Press, 1989.

36. Earle, P. *A City Full of People: Men and Women of London, 1650-1750.* London, 1994.

37. Fraser. *Antonia, Cromwell, the Lord Protector.* New York: Grove Press, 2001.

38. Friedman, Alice. *House and Household in Elizabethan England: Wollaton Hall and the Willoughby Family.* Chicago: University of Chicago Press, 1989.

39. Ginsburg, Madeleine. *Rags to riches: the second hand clothes trade, 1700-1978.* Costume, vol.14 (1980), pp. 121-135.

40. Harte, N. B., and Ponting, K. G., eds. *Textile history and economic history: essays in honour of Miss Julia de Lacy Mann.* Manchester: Manchester University Press, 1973.

41. Harte, N. B. *State control of dress and social change in pre-industrial England.* in: Coleman, Donald Cuthbert, and John, A. H., eds. *Trade, government and economy in pre-industrial England : essays presented to F.J. Fisher.* London: Weidenfeld and Nicholson, 1976, pp.132-165.

42. Harte, N. B. *The economics of clothing in the late seventeenth century.* Textile History, vol.22 (1991), pp. 277-296.

43. Harte, N. B., ed. *Fabrics and Fashion: Studies in the Economic and Social History of Dress.* Pasold Research Fund, 1991.

44. Hayward, Maria. *Luxury or magnificence? Dress at the court of Henry VIII.* Costume, vol.30 (1996), pp. 37-46.

45. Hayward, Maria. *Reflections on gender and status distinctions: an analysis of the liturgical textiles recorded in mid-sixteenth-century London.* Gender & History, vol.14, no.3 (2002), pp. 403-425.

46. Hayward, Maria. *The sign of some degree?: The financial, social and sartorial significance of male headwear at the courts of Henry VIII and Edward VI.* Costume, vol.36 (2002), pp. 1-17.

47. Hayward, Maria. *Symbols of Majesty: Cloths of Estate at the Court of Henry VIII.* Furniture History, vol.41 (2005), pp. 1-11.

48. Hayward, Maria. *Crimson, Scarlet, Murrey and Carnation: Red at the Court of Henry VIII.* Textile History, vol.38, no.2 (2007), pp.135-150.

49. Hearn, Karen. *A fatal fertility? Elizabethan and Jacobean pregnancy portraits.* Costume, vol.34 (2000), pp.39-43.

50. Holderness, B. A. *The reception and distribution of the new draperies in England.* in: Harte, N. B., ed. *The new draperies in the Low Countries and England, 1300-1800.* Oxford: Pasold Research Fund and Oxford University Press, 1997, pp.217-243.

51. Hooper, Wilfrid. *The Tudor Sumptuary Laws.* The English Historical Review, vol.30, no.119 (1915), pp. 433-449.

52. Hoppit, Julian, Innes, Joanna, and Styles, John. *Towards a history of parliamentary legislation, 1660-1800.* Parliamentary History, vol.13

(1994), pp.312-321.

53. Horn, Marilyn J. *The second skin: an interdisciplinary study of clothing.* Boston: Houghton Mifflin,1981.

54. Howard, Jean E. *Cross-dressing, the theatre and gender struggle in early modern England.* Shakespeare Quarterly , vol.39 (1988), pp.418-440.

55. Huggett, Jane E. *Rural costume in Elizabethan Essex: a study based on the evidence from wills.* Costume, vol.33 (1999), pp.74-88.

56. Hunt, Alan. *Moralizing luxury: the discourses of the governance of consumption.* Journal of Historical Sociology, vol.8, no.4 (1995), pp.352-374.

57. Hunt, Alan. *Governance of the Consuming Passions: A History of Sumptuary Law.* London: Macmillan, 1996.

58. Hurlock, Elizabeth. *Sumptuary Law.* in: Mary Roach and Joanne Eichler, eds. *Dress, Adornment and the Social Order.* New York: Wiley, 1965, pp.295-301.

59. Jefferson, Lisa. *Gifts given and fees paid to Garter King of Arms at installation ceremonies of the Order of the Garter during the sixteenth century.* Costume, vol.36 (2002), pp.18-35.

60. Jenkins, David, ed. *The Cambridge history of western textiles.* New York: Cambridge University Press, 2003.

61. Johnson, Kim K.P., Torntore, Susan J., & Eicher, Joanne B., eds. *Fashion foundations: early writings on fashion and dress.* New York: Berg, 2003.

62. Jones, Ann Rosalind & Stallybrass, Peter. *Renaissance Clothing and the Material of Memory.* Cambridge: Cambridge University Press,

2000.

63. Kennett, D. H. *A pauper clothmaking account of the 17th century.* Textile History, vol.4 (1973), pp.125-129.

64. Kent, Joan R. *Attitudes of Members of the House of Commons to the Regulation of Personal Conduct in Late Elizabethan and Early Stuart England.* Bulletin of the Institute of Historical Research, vol.46 (1973), pp. 41-71.

65. Kerlogue, Fiona. *The early English textile trade in South East Asia: the East India Company factory and the textile trade in Jambi, Sumatra, 1615-1682.* Textile History, vol.28 (1997), pp.149-160.

66. King, Steven. *Reclothing the English poor, 1750-1840.* Textile History, vol.33, no.1 (2002), pp.37-47.

67. Küchler, Susanne, & Miller, Daniel, eds. *Clothing as material culture.* New York: Berg, 2005.

68. Kuchta, David. *The making of the self-made man: class, clothing and English Masculinity, 1688-1832.* in Victoria De Grazia, and Ellen Furlough, eds. *The Sex of Things: Gender and Consumption in Historical Perspective.* Berkeley: University of California Press,1996, pp.54-72.

69. Lambert, Miles. *Cast-off wearing apparel: The Consumption and Distribution of Second-hand Clothing in Northern England during the Long Eighteenth Century.* Textile History, vol.35, no.1 (2004), pp.1-26.

70. Laura, Levine. *Men in women's clothing: anti-theatricality and effeminization, 1579–1642.* Cambridge: Cambridge University Press, 1994.

71. Lemire, Beverly. *Consumerism in pre-industrial and early industrial England: the trade in second-hand clothes.* Journal of British Studies, vol.27, no.1 (1988), pp.1-24.

72. Lemire, Beverly. *The theft of clothes and popular consumerism in early modern England.* Journal of Social History, vol.24 (1990), pp.255-276.

73. Lemire, Beverly. "A Good Stock of Cloaths": The Changing Market for Cotton Clothing in Britain, 1750-1800. Textile History, vol.22, no.2, 1991, pp.311-328.

74. Lemire, Beverly. *Fashion's favourite: the cotton trade and the consumer in Britain, 1660–1800.* Oxford: Oxford University Press, 1991.

75. Lemire, Beverly. *Peddling fashion: salesmen, pawnbrokers, tailors, thieves and the second-hand clothes trade in England, c. 1700-1800.* Textile History, 22 (1991), pp.67-82.

76. Lemire, Beverly. *Dress, culture and commerce: The English clothing trade before the factory, 1660–1800.* London: Macmillan, 1997.

77. Lemire, Beverly. *In the hands of work women: English markets, cheap clothing and female labour, 1650-1800.* Costume, vol.33 (1999), pp.23-35.

78. Lemire, Beverly. *Second-hand beaux and red-armed Belles: conflict and creation of fashions in England c.1660-1800.* Continuity and Change, vol.15, no.3 (2000), pp.391-418.

79. Lemire, Beverly. *Domesticating the Exotic: Floral Culture and the East India Calico Trade with England, c. 1600-1800.* Textile, vol.1, no.1 (2003), pp. 64-85.

80. Lemire, Beverly. *The business of everyday life: gender, practice and social politics in England, c.1600-1900.* Manchester: Manchester University Press, 2005.

81. Lipovetsk, Gilles. *The Empire of Fashion: Dressing Modern*

Democracy. Princeton: Princeton University Press, 1994.

82. Llewellyn, Sacha. *A list of ye wardrobe 1749: the dress inventory of John Montagu, 2nd duke of Montagu.* Costume, vol.29 (1995), pp.40-54.

83. McKendrick, Neil, Brewer, John, and Plumb, John Harold, eds. *The Birth of a Consumer Society.* Bloomington: Indiana University Press, 1982.

84. Marly, Diana De. *King Charles II's Own Fashion: The Theatrical Origins of the English Vest.* Journal of the Warburg and Courtauld Institutes, vol.37 (1974), pp. 378-382.

85. Marschner, Joanna. *Queen Caroline of Ansbach: attitudes to clothes and cleanliness, 1727-1737.* Costume, vol.31 (1997), pp.28-37.

86. Mee, Susan. *The Clothing of Margaret, Parnell and Millicent Crayforde, 1569 to 1575.* Costume, vol.38 (2004), pp. 26-40.

87. Murdock, Graeme. *Calvin, clothing and the body.* Proceedings of the Huguenot Society of Great Britain and Ireland, vol. 28, no.4 (2006), pp.481-494.

88. Parkins, Wendy, ed. *Fashioning the body politic: dress, gender, citizenship.* New York: Berg, 2002.

89. Payne, Christiana. *Murillo-like rags or clean pinafores: artistic and social preferences in the representation of the dress of the rural poor.* Textile History, vol.33, no.1 (2002), pp.48-62.

90. Picard. *Liza Elizabeth's London: Everyday Life in Elizabethan London.* New York: St. Martin's Press, 2005.

91. Racinet, Albert. *The historical encyclopedia of costumes.* New York: Facts on File, 1988.

92. Raveux, Olivier. *Spaces and Technologies in the Cotton Industry in the Seventeenth and Eighteenth Centuries: The Example of Printed Calicoes*

in Marseilles. Textile History, vol.36, no.2 (2005), pp.131-145.

93. Ribeiro, Aileen. *Antiquarian attitudes: some early studies in the history of dress*. Costume, vol.28 (1994), pp. 60-70.

94. Ribeiro, Aileen. *The art of dress: fashion in England and France 1750-1820*. New Haven and London: Yale University, 1996.

95. Ribeiro, Aileen. *The gallery of fashion*. Princeton: Princeton University Press, 2000.

96. Ribeiro, Aileen. *Fashion and fiction: dress in art and literature in Stuart England*. New Haven: Yale University Press, 2005.

97. Richardson, Catherine, Murdock, Graeme, and Merry, Mark. *Clothing, Culture and Identity in Early Modern England: Creating a New Tool for Research*. Textile History, vol.34, no.2 (2003), pp.229-234.

98. Richardson, Catherine, ed. *Clothing culture, 1350-1650*. Aldershot: Ashgate, 2004.

99. Roche, Daniel, Birrell, Jean (translated). T*he Culture of Clothing: Dress and Fashion in the Ancien Regime*. Cambridge: Cambridge University Press, 1997.

100. Samuel, R., and Jones, G., eds. *Culture, Ideology and Politics*. London: Routledge, 1982.

101. Saunders, Ann Susan. *Provision of Apparel for the Poor in London, 1630-1680*. Costume, vol.40, no.1 (2006), pp. 21-27.

102. Sanderson, Elizabeth. *The Edinburgh milliners, 1720-1820*. Costume, vol.20 (1986), pp.18-28.

103. Sanderson, Elizabeth C. *Nearly new: the second-hand clothing trade in eighteenth-century Edinburgh*. Costume, vol.31 (1997), pp. 38-48.

104. Sharpe, J. A. *Crime in Seventeenth-Century England: A County*

Study. New York: Cambridge University Press, 1983.

105. Sleigh-Johnson, Nigel. *Aspects of the tailoring trade in the City of London in the late sixteenth and early seventeenth centuries*. Costume, vol.37 (2003), pp.24-32.

106. Sleigh-Johnson, Nigel. *The Merchant Taylors' Company of London under Elizabeth I: Tailors' Guild or Company of Merchants?*. Costume, vol.41 (2007), pp.45-52.

107. Smiles, Sam. *Defying comprehension: resistance to uniform appearance in depicting the poor, 1770 to 1830s*. Textile History, vol.33, no.1 (2002), pp.22-36.

108. Smith, D. *A History of the Modern British Isles, 1603-1707*. Oxford: Wiley Blackwell,1998.

109. Smith, D. J. *Army Clothing Contractors and the Textile Industries in the 18th Century*. Textile History, vol.14, no.2 (1983), pp.153-164.

110. Spufford, Margaret. *The Great Reclothing of Rural England: Petty Chapmen and Their Wares in the Seventeenth Century*. London: Continuum International Publishing Group, 1984.

111. Spufford, Margaret. *The cost of apparel in seventeenth-century England and the accuracy of Gregory King*. Economic History Review, 2nd ser., vol.53, no.4 (2000), pp.677-705.

112. Spufford, Margaret. *Fabric for Seventeenth-Century Children and Adolescents' Clothes*. Textile History, vol.34, no.1 (2003), pp.47-63.

113. Staniland, Kay. *Samuel Pepys and his wardrobe*. Costume, vol.37 (2003), pp. 41-50.

114. Steele, Valerie. *The Social and Political Significance of Macaroni Fashion*. Costume, vol.19 (1985), pp.94-109.

115. Streete, Adrian. *Reforming Signs: Semiotics, Calvinism and Clothing in Sixteenth-century England.* Literature & History, vol.12, no.1 (2003), pp.1-18.

116. Styles, John. *Manufacturing, consumption and design in eighteenth-century England.* in Brewer, John; Porter, Roy Sydney, eds. *Consumption and the world of goods.* London: Routledge, 1993, pp.527-554.

117. Styles, John. *Product innovation in early modern London.* Past & Present, vol.168 (2000), pp.124-169.

118. Styles, John. *Involuntary consumers? Servants and their clothes in eighteenth century England.* Textile History, vol.33, no.1 (2002), pp. 9-21.

119. Styles, John. *Custom or consumption? Plebeian fashion in eighteenth-century England.* in:Berg, Maxine; Eger, Elizabeth eds.*Luxury in the eighteenth century: debates, desires and delectable goods.* Basingstoke: Palgrave, 2003, pp.103-118.

120. Taylor, Lou. *The study of dress history.* Manchester: Manchester University Press, 2002.

121. Taylor, Lou. *Establishing dress history.* Manchester: Manchester University Press, 2004.

122. Thirsk, Joan. *Economic Policy and Projects: The Development of a Consumer Society in Early Modern England.* Oxford: Clarendon Press, 1978.

123. Thirsk, Joan. *The fantastical folly of fashion: the English stocking knitting industry, 1500-1700.* in: Harte, N. B.; Ponting, K. G., eds. *Textile history and economic history: essays in honour of Miss Julia de Lacy Mann.* Manchester: Manchester University Press, 1973, pp.50-73.

124. Vickery, Amanda. *The gentleman's daughter: women's lives in Georgian England*. New Haven: Yale University Press, 1998.

125. Vincent, Susan. *Dressing the Elite: Clothes in Early Modern England*. New York: Berg, 2003.

126. Weatherill, Lorna. *Consumer behaviour and social status in England, 1660-1750*. Continuity and Change, vol.1 (1986), pp.191-216.

127. Weatherill, Lorna. *A possession of one's own: women and consumer behaviour in England, 1660-1740*. Journal of British Studies, vol.25, no.2 (1986), pp.131-156.

128. Weatherill, Lorna. *Consumer Behaviour and Material Culture in Britain, 1660-1760*. New York: Routledge, 1996.

129. White, Shane and Graham. *Slave clothing and African-American culture in the eighteenth and nineteenth centuries*. Past & Present, vol.148 (1995), pp.149-186.

130. Willan, Thomas Stuart. *Manchester clothiers in the early seventeenth century*. Textile History, vol.10 (1979), pp.175-183.

131. Wrightson, Keith. *Earthly necessities: economic lives in early modern Britain*. New Haven: Yale University Press, 2000.

132. Zehedieh, Nuala. *London and the colonial consumer in the late seventeenth century*. Economic History Review, vol.47, no.2 (1994), pp.248-257.

中文资料：

1.（英）爱德华·汤普森.共有的习惯.沈汉，王加丰译.上海：上海人民出版社，2002.

2.（法）保尔·芒图.十八世纪产业革命：英国近代大工

业初期的概况.杨人楩,陈希秦,吴绪译.北京:商务印书馆,
1983.

3.（英）勃里格斯.英国社会史.陈叔平等译.北京:中国人民大学出版社,1991.

4.（荷）伯纳德·曼德维尔.蜜蜂的寓言:私人的恶德,公众的利益.肖聿译.北京:中国社会科学出版社,2002.

5.陈曦文,王乃耀主编.英国社会转型时期经济发展研究:16世纪至18世纪中叶.北京:首都师范大学出版社,2002.

6.华梅.服饰社会学.北京:中国纺织出版社,2005.

7.（英）基思·赖特森.英国近代早期的社会等级.载:王觉非.英国政治经济和文化的现代化.南京:南京大学出版社,1989.

8.姜德福.社会变迁中的贵族:16—18世纪英国贵族研究.北京:商务印书馆,2004.

9.（法）勒纳尔,乌勒西.近代欧洲的生活与劳作:从15—18世纪.杨军译.上海:上海三联书店,2008.

10.李当岐.西洋服装史.北京:高等教育出版社,2005.

11.（德）里夏德·范迪尔门.欧洲近代生活:村庄与城市.王亚平译.北京:东方出版社,2004.

12.刘国联主编.服装心理学.上海:东华大学出版社,2004.

13.刘景华.城市转型与英国的勃兴.北京:中国纺织出版社,1994.

14.（德）马克斯·韦伯.新教伦理与资本主义精神.于晓,陈为纲等译.西安:陕西师范大学出版社,2006.

15.（英）尼古拉斯·菲利普森,昆廷·斯金纳主编.近代英国政治话语.潘兴明,周保巍等译.上海:华东师范大学出版社,

2005.

16.（英）普兰温•科斯格拉芙.时装生活史：人类炫耀自我3500年.龙靖遥，张莹，郑晓利译.上海：东方出版中心，2004.

17.（英）乔安妮•恩特维斯特尔.时髦的身体：时尚、衣着和现代社会理论.郜元宝等译.桂林：广西师范大学出版社，2005.

18.（英）托马斯•莫尔.乌托邦.北京：商务印书馆，1982.

19.世界杰出服装画家作品选.天津：天津人民美术出版社，1987.

20.舒小昀.分化与整合：1688—1783年英国社会结构分析.南京：南京大学出版社，2003.

21.孙世圃.西洋服装史教程.北京：中国纺织出版社，2000.

22.（英）瓦莱丽•斯蒂尔.内衣：一部文化史.师英译.天津：百花文艺出版社，2004.

23.王晋新，姜德福.现代早期英国社会变迁.上海：三联书店，2008.

24.（德）维尔纳•桑巴特.奢侈与资本主义.王燕平，侯小河译.上海：上海人民出版社，2000.

25.巫仁恕.品味奢华：晚明的消费社会与士大夫.北京：中华书局，2008.

26.吴于廑.历史上农耕世界对工业世界的孕育，载：世界历史.1987（2）：1-18.

27.许洁明.十七世纪的英国社会.北京：中国社会科学出版社，2004.

28.阎照祥.英国政治制度史.北京：人民出版社，1999.

29.张卫良.英国社会的商业化历史进程：1500—1750.北京：

后 记
Afterword

　　我最早接触英国服饰史是在 2006 年博士学位论文开题之时，至 2009 年完成毕业论文"16—18 世纪英国的服饰与社会变迁"。2010 年，承蒙诸位评委厚爱，此文有幸被评为湖北省优秀博士学位论文。之后在 2011 年，我将文稿初步修改成书，获湖南省第十六届优秀社科著作出版资助立项。本想进一步丰富书稿内容，然生育幼女占据了大部分时间，以至于时隔三年，书中仍有诸多未尽之言，心中着实惭愧。

　　每每看到书稿，思绪总会飘向珞珈校园。2004 年秋，我怀揣求学梦想，从湖南师大来到武汉大学。机缘巧合，我有幸拜入陈勇先生门下。那时的我，浑然不知命运正在悄然改变。陈先生为学严谨踏实，做人胸襟坦荡。五年的耳濡目染，先生的高贵品格让我得到了人生中最宝贵的一笔精神财富。毕业多年来，我一直恪守恩师教诲，认认真真做学问，坦坦荡荡做人。难忘先生的第一次召见，他给我列了一个书单，并亲自领我进书库选书。也记得先生的第一次表扬，在一次讨论课结束的时候，他说我有明显的进步，其实那是因为最初交的读书札记很不好。先生一直以宽广的胸怀包容我的缺点，放大我的优点，激励我不断前进。参加工作以后，诸多杂务使时间变得支离破碎，这也让我在科研方面的懈怠有了借口。所幸先生一直鞭策人民出版社电2004!一两个小时的苦口婆心总令我汗颜。若没有陈先生，便无眼前的书稿。从论文确定选题，到最终定稿……从论文顺利通过答辩，到现今修改成著作出版……凡此种种，都凝聚了先生太多心血。

在美丽的珞珈山，我还有幸得到世界史所向荣、李工真、谢国荣、张德明、徐友珍等教授的点拨。他们在论文开题报告会和毕业答辩会上给了我许多中肯的批评和有益的建议。向荣教授在我毕业多年后仍关心我的成长，也让我深刻明白尊敬师长、常怀感恩之心何其重要！谢国荣教授作为我的师大学长兼同乡，不但将论文写作的技艺传授予我，而且在思想上给予开导与启迪。武汉大学文科资料中心、历史学院资料室、世界历史研究所资料室和图书馆文献传递处的老师们，以热情而快捷的服务，为我提供了许多宝贵资料，让我可以坚持这个资料难求的选题。

在武汉大学历史学院，我遇到了许多诚挚而善良的同学。同门师兄弟、师姐妹互相勉励，亲如一家。邻里左右和睦相处，共享快乐，分担忧愁。特别要提到的是我的同门殷宏同学。在我2004年初来乍到，一切感到很陌生的时候，他给了我许多指引。从食堂到教室、阅览室，他无微不至的关怀至今令我难以忘怀。2006年他远赴北大逐梦，把继续跟随陈先生攻读博士学位的机会留给了我。在2007年去北京查阅资料期间，他热情地接待了我，并且之后多次帮我复印、扫描资料。在我论文答辩前后承受巨大压力之时，他多次予以关心和宽慰。

此书稿的完成，除了得益于珞珈山的良师益友，还离不开几位前辈学者的无私关照。北京大学朱孝远教授、浙江师范大学王加丰教授、中国人民大学孟广林教授以及南京大学陈晓律教授在论文评阅书和答辩会中，给予我诸多鼓励和肯定，也提出了宝贵的修改意见。天津师范大学刘景华教授百忙之中爽快地答应为我的书稿作序，我虽未曾直接受教于他，但他多年来待我亲切和蔼，让我有如沐春风之感。在此，谨向前辈们致以最真挚的谢意！

与本著作相关的学术论文的公开发表，对我是一种莫大的激励，让我有了更大的热情投入书稿的写作和修改。我要感谢《世界历史》杂志社的任灵兰老师、《江西社会科学》杂志社的王立霞老师、《历史教学》杂志社的吴丹老师以及《武汉大学学报》的桂莉老师，是他们精益求精的编辑工作让我的论文得以顺利发表。此外，本书稿能如期出版，离不开湖南人民出版社龙仕林、黎红霞、李旭东等编辑老师的热情支持。

在回到湖南师范大学历史文化学院工作的五年里，昔日的师长成为今日的同事，他们对我关爱有加，施以最小的压力，给予最大的鼓励，让我无悔当年的抉择。更为难能可贵的是，我可以一如求学时代在岳麓山下呼吸最自由的空气。湖南师范大学人事处、社科处为本书的出版提供了经费支持，在此一并表示感谢！

最后，我要感谢我的家人。含辛茹苦养育我长大成人的父亲母亲、长期为我遮风挡雨的哥哥、无怨无悔支持我完成学业的丈夫，他们的无私奉献给了我最坚强的后盾。还有，我亲爱的女儿，因为有了你，我暂且放慢了攀登知识高峰的脚步。但也是因为有了你，我的人生变得很圆满。在学术的道路上，我会更加勤勉，你是我今后继续努力的最大动力。

本著作虽得到诸多师友帮助，我亦投入了大量时间和精力，但限于自身学养，难免仍有粗疏错漏之处。本书所讨论的社会

变迁仅局限于政治、经济、等级结构和思想观念的变化，对与
服饰密切相关的生活方式、文化、审美等方面的变迁未作进一
步探讨。因此，我所论述仅抛砖引玉而已，诚望得到学界同仁
的指正和垂谅！

谭赛花

2014 年 7 月于长沙